Battal Kalan

Swiss Ethnic Business

Barrieren und Besonderheiten bei
Unternehmensgründungen durch Migranten

disserta Verlag

Kalan, Battal: Swiss Ethnic Business. Barrieren und Besonderheiten bei Unternehmensgründungen durch Migranten. Hamburg, disserta Verlag, 2016

Buch-ISBN: 978-3-95935-228-4
PDF-eBook-ISBN: 978-3-95935-229-1
Druck/Herstellung: disserta Verlag, Hamburg, 2016
Covermotiv: © carlosgardel – Fotolia.com

Bibliografische Information der Deutschen Nationalbibliothek:
Die Deutsche Nationalbibliothek verzeichnet diese Publikation in der Deutschen
Nationalbibliografie; detaillierte bibliografische Daten sind im Internet über
http://dnb.d-nb.de abrufbar.

© disserta Verlag, Imprint der Diplomica Verlag GmbH
Hermannstal 119k, 22119 Hamburg
http://www.disserta-verlag.de, Hamburg 2016
Printed in Germany

Management Summary

Die weltweit zunehmende Migration führte in den letzten Jahren in Theorie und Praxis zu einem grossen Interesse am Unternehmertum durch Migrantinnen und Migranten. Auch in der Schweizer Forschung und Politik ist es seit wenigen Jahren ein Thema. Im Vergleich zu Ländern wie den USA, Kanada, England oder Deutschland sind die Forschungs- und Förderungsaktivitäten in der Schweiz aktuell jedoch noch in geringem Masse ausgeprägt. Dies überrascht sehr, zumal viele der grossen, renommierten Firmen wie Nestlé, ABB oder Swatch ursprünglich von Eingewanderten gegründet wurden. Diese und weitere Gründe veranlassten den Autor, sich dieser Thematik zu widmen. Hierzu wurden folgende zwei Forschungsfragen als „Leitplanken" gebildet:

- Welche Barrieren bestehen bei der Unternehmensgründung durch Migranten?
- Welche Gründe führen zu Unternehmensgründungen von Migranten?

Die Forschungsarbeit wurde in zwei Teilen erarbeitet. Ziel war es, einen empirisch fundierten Überblick über die Chancen und Schwierigkeiten des "Ethnic Business" zu geben sowie den entsprechenden Handlungsbedarf in der Schweiz zu ermitteln. Des Weiteren soll die Forschungsarbeit als wissenschaftlich fundierte Diskussionsgrundlage für mögliche Handlungsoptionen dienen.

Der erste Teil beginnt mit den theoretischen Grundlagen zum Untersuchungskontext. Die Auseinandersetzungen mit der Literatur haben gezeigt, dass es sich hierbei um ein komplexes und interdisziplinäres Forschungsfeld handelt. Daher wurden zunächst die für diese Arbeit wichtigen Definitionen gebildet und ein eigenes Modell mit 5 Dimensionen und entsprechenden Variablen (siehe Kapitel 3.3) entwickelt. Anhand dieses Modells wurde anschliessend die Theorie über das Ethnic Business in der Schweiz ausgearbeitet. Darauf aufbauend wurden folgende Hypothesen formuliert:

H1: Die Unternehmensgründung ist ein Reaktion auf die blockierte Mobilität, was vorwiegend in der strukturellen Dimension (siehe Abbildung 4) zu begründen ist.
- H1.1: Die Probanden fühlen sich gegenüber den einheimischen Gründern benachteiligt. Dies unterscheidet sich je nach ethnischer Gruppe.
- H1.2: Die Probanden gründen hauptsächlich, weil sie Geschäftsgelegenheiten wahrnehmen und autonom arbeiten wollen.

H2: Der fehlende bzw. erschwerte Ressourcenzugriff (institutionell, finanziell, kaufmännisch) stellt die grösste Herausforderung für die Ethnic Businesses dar.

- H2.1: Die meisten Probanden (über 50%) haben keine institutionelle Hilfe bei der Unternehmensgründung.
- H2.2: Es nehmen mehr Probanden finanzielle Unterstützung von ihrer Familie an als eine institutionelle Finanzierung (Banken, Förderstellen) zu wählen. Dies unterscheidet sich je nach ethnischer Gruppe.

Im zweiten Teil der Arbeit wird ein quantitativer Forschungsansatz verfolgt. Hierbei werden einerseits am Beispiel der türkischen, italienischen und albanischen Ökonomien eigene Primärdaten erhoben. Andererseits werden mit Hilfe eines Fragebogens, welcher Unternehmen der drei ethnischen Diasporas in der Schweiz zugestellt wurde, empirisch fundierte Informationen über die Herausforderungen und Hemmnisse gewonnen, mit denen Migranteninnen und Migranten in der Schweiz bei der Unternehmensgründung konfrontiert sind. Die Ergebnisse der Befragungen wurden deskriptiv und explorativ analysiert. Anschliessend wurden die Ergebnisse kritisch diskutiert, die Hypothesen beantwortet, und es wurden Empfehlungen abgegeben.

Die Ergebnisse der Studie haben die Hypothese H1.1 nicht bestätigt. Weder eine Benachteiligung noch diesbezügliche Unterschiede je nach Ethnie sind in dieser Untersuchung gefunden worden. Hingegen bestätigen die Ergebnisse die Hypothese H1.2, worin behauptet wurde, dass die Probanden hauptsächlich Unternehmen gründen, weil sie Geschäftsgelegenheiten wahrnehmen und autonom arbeiten wollen. Auch die Hypothese H2.1 wurde bestätigt. Die Ergebnisse haben deutlich aufgezeigt, dass die meisten Probanden keine institutionelle Hilfe bei der Unternehmensgründung beanspruchen. Ebenso die letzte Hypothese H2.2 wurde bestätigt. Insgesamt haben die Ergebnisse aufgezeigt, dass die Probanden mehr auf Familie und Bekannte zurückgreifen als auf Banken und Förderstellen. Zudem zeigen die statistischen Tests, dass es bei dieser Frage signifikante Unterschiede unter den Ethnien gibt. Insgesamt hat die empirische Erhebung deutlich gemacht, dass die ethnischen Unternehmensgründer mit zahlreichen Besonderheiten und Barrieren konfrontiert sind. Diese können, analog der fünf Dimensionen des entwickelten Swiss Ethnic-Business-Modells, folgendermassen stichwortartig zusammengefasst werden:

Funktionale Dimension

- Ethnische Unternehmen sind vorwiegend in eintrittsniedrigen Branchen wie Gastronomie und Imbissbuden vertreten.
- Die meisten ethnischen Unternehmen sind Kleinst- bis Kleinunternehmen.
- Ethnische Unternehmen leisten sowohl einen volkswirtschaftlichen als auch einen gesellschaftlichen Beitrag.

Strukturelle Dimension

- Ethnische Unternehmen werden vorwiegend aufgrund von Autonomie und Gelegenheitswahrnehmung gegründet.
- Die meistgenannten strukturellen Gründungshemmnisse sind: „Bürokratischer Aufwand", „Körperliche/psychische Belastung", „Belastung Familie/Partnerschaft" und „Kredit/nötiges Kapital zu finden".
- Der institutionelle Weg bei der Unternehmensgründung ist für Migranten/innen steinig, insbesondere beim Finanzierungs- und beim Beratungsaspekt besteht Nachholbedarf.

Kulturelle Dimension

- Ethnic Business fördert die Interaktion nicht nur zwischen den Ethnien sondern auch mit den Einheimischen massiv.
- Kulturelle Aspekte wie Sprache, Netzwerk und familiäre Hilfe sind sehr wichtige Aspekte des Ethnic Business.

Individuelle Dimension

- Die ethnischen Gründer sind tendenziell jung und das Bildungsniveau ist je nach Ethnie signifikant unterschiedlich.
- Zudem fühlen sie sich im Wettbewerb mit den Einheimischen eindeutig nicht benachteiligt und in der Schweiz gut bis sehr gut integriert.
- Ethnische Gründer sind risikobereite, wenn es darum geht, ein Unternehmen zu gründen.

Schatten-Dimension

- Diese sind schwierig zu eruieren: Es gibt jedoch Anzeichen, welche auf eine prekäre Situation hinweisen, die durch Selbständigkeit entstehen bzw. verstärkt werden kann.
- Es bestehen gewisse latente Konflikte (bspw. gesetzliche oder gewerbliche), die aus dem Ethnic Business hervorgehen können.

Aufgrund der theoretischen Grundlagen sowie der Ergebnisse der empirischen Untersuchung werden folgende Empfehlungen abgegeben:

Empfehlungen für Politik & Gesellschaft

- Spezifische Beratungsangebote
- Politische Kampagnen
- Hilfestellung für niedrig Qualifizierte
- Finanzieller Support der potentiellen Swiss Ethnic Gründer
- Coaching- und Mentoring-Programme
- Aufbau neuer Netzwerke

Empfehlungen für die Forschung

- Erweiterung dieser Studie mit qualitativer Forschung
- Erweiterung der gebildeten Oberhypothesen H1 und H2
- Erweiterung der Studie mit mehr Probanden
- Umfangreichere Untersuchungen pro Ethnie
- Einsatz des entwickelten Swiss Ethnic-Business-Modells in anderen Ländern
- Einsatz des entwickelten Swiss Ethnic-Business-Modells in weiterführenden Untersuchungen
- Statistische Erklärung des Swiss Ethnic-Business-Modells bzw. von dessen Variablen
- Gesamtschweizerische Erhebungen
- Interdisziplinäre Forschungsarbeiten

Trotz gewisser Limitationen hat diese Studie einen Beitrag in der eingangs erwähnten Forschungslücke in diesem Kontext geliefert. Zudem wurde ein Modell in die Hand gegeben, welches bei zukünftigen Forschungen helfen wird, sich im komplexen und breiten Themenfeld zu orientieren. Auf jeden Fall sollten in diesem Kontext weitere Untersuchungen stattfinden, um besser verstehen zu können, mit welchen Barrieren und Hemmnissen die Swiss Ethnic Gründer konfrontiert sind. Nur so kann ihnen adäquat geholfen werden, ihr Potential besser auszuschöpfen.

Inhaltsverzeichnis

Tabellenverzeichnis

Abbildungsverzeichnis

Abkürzungsverzeichnis

AG = Aktiengesellschaft

AUG = Ausländergesetz

BFS = Bundesamt für Statistik

BVO = Bundesverordnung über die Begrenzung der Zahl der Ausländer

CEO = Chief Executive Officer

Co. KG = Compagnie Kommanditgesellschaft

CV = Cramers-V

EFTA = European Free Trade Association

EU = Europäische Union

FIMM = Forum für die Integration der Migrantinnen und Migranten

FZA = Personen-Freizügigkeitsabkommen

GEM = Global Entrepreneurship Monitor

GmbH = Gesellschaft mit beschränkter Haftung

IOM = International Organization for Migration

KMU = Klein- und Mittelunternehmen

KTI = Kommission für Technologie und Innovation

KW = Kurswochen

NFP = Nationales Forschungsprogramm

o. S. = ohne Seiten

OECD = Organisation for Economic Cooperation and Development

SAKE = Schweizerische Arbeitskräfteerhebung

SEB = Swiss Ethnic Business

SECO = Staatssekretariat für Wirtschaft

SEU = Swiss Ethnic Unternehmer

SSCI = Social Science Citation

SPSS = Statistical Package fort he Social Sciences

UN = United Nations

VZAE = Verordnung über Zulassung, Aufenthalt und Erwerbstätigkeit

X^2 = Chi-Quadrat

Zefix = Zentraler Firmenindex

1 Einleitung

Diese Forschungsarbeit wird in zwei Phasen erarbeitet. In einer ersten Phase werden theoretische Grundlagen gelegt und Hypothesen aufgestellt. In der zweiten Phase wird eine empirische Erhebung durchgeführt, mit deren Hilfe die Hypothesen beantwortet und die theoretischen sowie empirischen Erkenntnisse diskutiert werden.

1.1 Einleitung und Zielsetzung

Ethnisch geprägtes, erfolgreiches Unternehmertum von Migranten ist kein neues Phänomen. So haben sich Juden in Europa niedergelassen, Chinesen in Australien, Italiener in der Schweiz, Türken in Deutschland, um einige Beispiele von Migranten zu nennen, die vorwiegend aus ökonomischen Gründen migriert sind. Neu ist jedoch die ungebrochene und exponentiell zunehmende Migrationsbewegung (Sharp, 2007, p. 7)[1]. Aktuell sind schätzungsweise mehr als 214 Millionen internationale Migranten[2] unterwegs, Tendenz steigend (IOM, 2010). Betrachtet man die weltweiten Migrantenströme seit 2000, so stellt man ca. 50 Millionen internationale Migrationsbewegungen fest (UNO, 2009). Durch die weltweite Zunahme der Migration ist in den letzten Jahren ein hohes Interesse am sogenannten „Ethnic Entrepreneurship" oder „Ethnic Business[3]" in der Theorie und Praxis zu beobachten (u.a. El-Cherkeh, 2007, S. 4; Köllinger & Minniti, 2006, S. 60; Cavusgil, et al., 2011, S. 591; Jung, et al., 2011, p. 9). Seit wenigen Jahren stösst dieses Thema auch in der Schweizer Forschung und Politik auf Interesse. Im Vergleich zu Ländern wie den USA, Kanada oder Deutschland sind die Forschungs- und Förderungsaktivitäten in der Schweiz aktuell jedoch noch in geringem Masse ausgeprägt. Während der Literaturaufarbeitung konnten lediglich zwei umfangreichere Studien in diesem Kontext in der Schweiz eruiert werden. Die erste Studie stammt von den Autoren Piguet & Benson, (2000): Die Autoren haben mittels Daten der Volkszählung aus dem Jahre 2000 mögliche Gründe für die Selbständigkeit der Migranten untersucht. Die zweite Studie stammt von den Autoren Suter et al (2003-2006): Im Rahmen der Nationalfondsstudie „NFP51" untersuchten sie, inwiefern die selbständige Erwerbstätigkeit von Migranten Integrations- bzw. Ausschlussprozesse fördert oder behindert.

---

[1] Auch wenn mehrere Sätze vom gleichen Autor zitiert sind, wird in dieser Arbeit zwecks Lesefreundlichkeit der Autor lediglich im letzten Satz erwähnt.
[2] Werden Personenbezeichnungen aus Gründen der besseren Lesbarkeit lediglich in der männlichen oder der weiblichen Form verwendet, so schliesst dies das jeweils andere Geschlecht mit ein.
[3] Die Begriffe Ethnic Business sowie Ethnic Entrepreneurship werden in dieser Arbeit noch genauer erklärt.

Die geringe Anzahl Studien legt nahe, dass hier eine Forschungs- und Anwendungslücke besteht (Meier, 2008, S. 5; Gerber, 2005, S. 73; Haberfellner, 2008, o. S.; Haberfellner, 2011, p. 1; Piquet & Benson, 2000, S. 112).

Auch wenn die Unternehmensgründungen durch Migranten zunehmen, sind diese gemäss einer Studie des BFS (2006, S.5) mit 8,2% deutlich tiefer (unterrepräsentiert) als die der Schweizer Bürger/innen mit 15,6%. Gemäss der Studie dürften einige Gründe dafür bei der Integration und den restriktiven Regelungen für Inhaber einer Aufenthaltsbewilligung liegen. Zum letzteren Punkt meint Piquet (1999), dass das schweizerische Arbeitsrecht hauptsächlich darauf ausgerichtet sei, die selbständige Unternehmensgründung von Migranten begrenzt zu halten. Eine Studie der Kalaidos Fachhochschule Schweiz (2009) kommt zum Ergebnis, dass die wirtschaftliche Selbständigkeit von Migranten trotz des grossen ökonomischen und integrationspolitischen Potentials nur wenig gefördert wird. Eine weitere Studie aus Deutschland kommt zum ähnlichen Ergebnis, dass ethnische Ökonomien trotz des hohen wirtschaftlichen Beitrags mit vielen Barrieren und Hemmnissen konfrontiert sind: *„(...) rechtliche Einschränkungen bei der Gewerbeausübung, Probleme bei der Fremdfinanzierung, fehlender Zugang zu Beratungsdiensten und Existenzförderprogrammen sowie Wettbewerbsnachteile durch den starken Bezug auf die eigene Ethnie"* (Schuleri-Hartje & Floeting, 2004).

Gestützt auf die obigen Angaben ist davon auszugehen, dass das Potenzial der Migranten für die schweizerische Wirtschaft und Gesellschaft nicht optimal ausgeschöpft wird, da sie mit typischen institutionellen Barrieren und Hemmnissen konfrontiert sind. Angesichts der Tatsache, dass die Klein- und Mittelunternehmen (KMU) für die schweizerische Volkswirtschaft von grosser Bedeutung sind, und die Migranten dabei eine integrative Leistung erbringen, sollen die Aktivitäten rund um das „Ethnic Business" in der Schweiz in der vorliegenden Arbeit gezielt untersucht werden. Wie oben erläutert, besteht im Untersuchungskontext diesbezüglich eine Forschungslücke. Diese Arbeit soll einerseits einen Beitrag für diese in der Schweiz noch junge Forschungsdisziplin leisten und somit helfen, diese Lücke zu verkleinern. Andererseits soll sie den Migranten, die ein Unternehmen gründen/übernehmen wollen oder bereits gegründet oder übernommen haben, als Anhaltspunkt für ihre Geschäftsentwicklung dienen.

Hauptziel dieser Arbeit ist die Analyse der Barrieren und Besonderheiten (bspw. kulturelle Unterschiede, Einstellungen, Intentionen, Vorwissen etc.), die bei der Existenzgründung durch Migranten bestehen. Die Analyse wird am Beispiel der türkischen, italienischen und albanischen Existenzgründer durchgeführt. Im Zentrum stehen dabei insbesondere die folgenden zwei Forschungsfragen:

- Welche Barrieren bestehen bei der Unternehmensgründung durch Migranten?
- Welche Gründe führen zu Unternehmensgründungen von Migranten?

Generell soll diese Arbeit einen empirisch fundierten Überblick über die Chancen und Schwierigkeiten sowie den Handlungsbedarf im Bereich des „Ethnic Business" in der Schweiz geben. Und sie soll als eine wissenschaftlich fundierte Diskussionsgrundlage für mögliche Handlungsoptionen dienen.

1.2 Methodische Vorgehensweise und Aufbau der Arbeit

Wie bereits erwähnt, gibt es in der Schweiz nur wenige Untersuchungen in diesem Kontext. Daher liegt der Fokus auf einer möglichst breiten Aufarbeitung mit punktuell vertieften Analysen. Mithilfe des „Ethnic-Business-Konzepts", welches im weiteren Verlauf dieser Arbeit erstellt wird, werden Barrieren und Besonderheiten untersucht, denen bestimmte Ethnien während ihrer unternehmerischen Tätigkeit begegnen. Hierzu werden am Beispiel der türkischen, italienischen und albanischen Ökonomien eigene Primärdaten erhoben. Mittels Theorieaufarbeitung werden Hypothesen gebildet. Anschliessend wird ein Fragebogen erstellt, welcher Unternehmen der drei ethnischen Communities in der Schweiz zugestellt wird. Die Ergebnisse der Befragungen werden deskriptiv und explorativ analysiert. Schliesslich werden die Ergebnisse kritisch diskutiert, die Hypothesen beantwortet und Empfehlungen abgegeben.

Die Arbeit gliedert sich, wie die Abbildung 1 zeigt, in zwei Teile: Theorie und Empirie. Nach der Einführung im **ersten Kapitel** werden in **Kapitel 2** die begrifflichen Grundlagen beschrieben, die für das Verständnis der Inhalte bedeutend sind. So wird beispielsweise geklärt, was unter einem Migranten, was unter Ethnizität und ethnischer Zugehörigkeit oder den Begriffen Entrepreneur und Entrepreneurship zu verstehen ist. Nur so kann die für diese Arbeit wichtige Definition von Ethnic Entrepreneur bzw. Ethnic Entrepreneurship ableitbar sein. Da je nach Studie und Autor unterschiedliche Definitionen verwendet werden, wird in diesem zweiten Kapitel weiter die begriffliche Vielfalt bezüglich der ethnischen Selbständigkeit voneinander abgegrenzt, um eine für diese Arbeit gültige Definition des Begriffs „Swiss Ethnic Business" herzuleiten. Dies ist nötig, weil bspw. die Begriffe Ethnic Business, Ethnic Enclave Economy, Immigrant Business, Ethnic Niche Economy oder Minority Economy oft unterschiedlich ausgelegt werden. In **Kapitel 3** wird dann die historische Entwicklung des Ethnic Business skizziert. Anschliessend wird der State of the Art des Ethnic Business erläutert. Dabei wird sowohl die internationale als auch die europäische Ebene betrachtet, wobei bei letzterer die deutschsprachigen Länder Deutschland und Österreich gesondert ausgewiesen werden. Aufgrund der kulturellen und strukturellen Ähnlichkeiten werden hier Parallelen zur Schweiz gezogen. Weiter werden im dritten Kapitel die bekanntesten Ethnic-Business-Forschungsansätze diskutiert, und es wird ein Modell entwickelt, denn bisher existieren nur wenige ganzheitliche Modelle, zumal die Ethnic-Business-Strukturen sehr länderspezifisch sind. In **Kapitel 4** wird näher auf den Stand der Forschung in der Schweiz eingegangen. Anschliessend werden mit dem entwickelten Modell die Ethnic-Business-Gegebenheiten in der Schweiz erklärt. Der theoretische Teil schliesst mit der Bildung der Hypothesen ab.

Abbildung 1: Aufbau der Arbeit

Kapitel 1	Einleitung

	Kapitel 2	Grundlagen - Definitionen
Theorie	Kapitel 3	Ethnic Business – Entstehung, Forschungsstand und Forschungsansätze
	Kapitel 4	Swiss Ethnic Business - Forschungsstand, Rahmenbedingungen, Daten, Fakten

	Kapitel 5	Empirie
Empirie	Kapitel 6	Fazit und Empfehlungen

Quelle: Eigene Darstellung

Das **fünfte Kapitel** beinhaltet den empirischen Teil der Arbeit, welcher die Methodik und den Vorgang der empirischen Erhebung beschreibt. Dazu wird ein Blick auf die Situation der drei ausgewählten Ethnien (Italiener, Türken, Albaner) geworfen. Nachdem die Primärdaten erhoben sind, werden die Ergebnisse analysiert und diskutiert. Die Arbeit schliesst in **Kapitel 6** mit einem Fazit und Empfehlungen ab.

2 Grundlagen – Definitionen

Die Literaturrecherche und eine erste Auseinandersetzung mit der Thematik liessen erkennen, dass in diesem Kontext zahlreiche Begriffe verwendet werden, die zum Teil dasselbe
beschreiben, bzw. dieselbe Bezeichnung anders interpretiert wird. Daher werden in den
folgenden Abschnitten zunächst verschiedene Begriffe erläutert, wobei kein Anspruch auf
Vollständigkeit erhoben werden soll. Es soll ein möglichst breiter Überblick über die in der
Literatur definierten Begriffe erstellt werden, was einerseits zum besseren Verständnis des
Inhaltes dieser Arbeit beitragen wird und andererseits mithilft, den Forschungsgegenstand
dieser Arbeit klarer zu definieren.

2.1 Zum Begriff des Migranten

Der Begriff „Migrant" ist für dieser Arbeit zentral. Oft wird auch der Begriff „Personen mit Migrationshintergrund" als Synonym verwendet, obwohl dieser Begriff nicht nur die Migranten selbst,
sondern auch deren Nachkommen mit einschliesst (Kay & Stefan, 2012, p. 6). Das Bundesamt
für Statistik (BFS) definiert Migranten als jene Menschen, die ihren ausländischen Wohnsitz,
vorübergehend oder dauerhaft, in die Schweiz verlegen. Neben den im Ausland Geborenen
(25,6%[4], 2007) zählt das BFS auch Schweizer Bürger, welche ihren Sitz vom Ausland wieder in
die Schweiz verlegen, dazu. Demnach betrachtet das BFS die zweite und die folgenden Generationen (22,3%, 2007) nicht als Migranten, auch wenn diese den Schweizer Pass nicht besitzen
(BFS, 2008, p. 2). Gemäss Global Entrepreneurship Monitor (GEM)[5] ist ein Migrant jemand, der
seinen Wohnsitz von einem Weltgebiet zu einem anderen verlegt (Baldegger, et al., 2012, p. 31).
Die United Nations (UN) benutzt in diesem Kontext den Begriff „internationale Migranten" und
meint Folgendes: *„Dabei gelten nur jene Personen als internationale Migranten, die ihren
Wohnsitz für eine bestimmte Mindestdauer oder für unbestimmte Zeit - eventuell für immer - ins
Ausland verlegen (Reiner, 2009)."*

Ausgehend von obigen Angaben, wird für diese Arbeit folgende Definition formuliert*:*

> *„Als Migranten gelten in dieser Arbeit alle Personen, die entweder selbst oder einer/beide
> ihrer Elternteile im Ausland geboren wurden und die dauerhaft in der Schweiz wohnen.
> Dabei spielt es keine Rolle, ob sie die Schweizer Bürgerschaft besitzen oder nicht."*

---

[4] Geschätzt
[5] GEM ist eine jährlich erscheinende Studie von einem Konsortium von diversen Universitäten. Sie
untersuchen den Unternehmergeist in zahlreichen Ländern (GEM, 2014)

Es gibt durchaus weitere Begrifflichkeiten wie bspw. Ausländer/innen, die in diesem Kontext diskutiert werden könnten. Um das ohnehin breite Forschungsspektrum nicht weiter auszudehnen, werden diese hier jedoch nicht berücksichtigt.

2.2 Ethnizität & Ethnische Zugehörigkeit

Für die vorliegende Arbeit ebenfalls zentral sind die Begriffe der Ethnizität bzw. ethnische Zugehörigkeit. Das Spektrum des ethnischen Unternehmertums wird doch durch Ethnizität oder Herkunftsland bestimmt, welche sich dann wiederum in wirtschaftlichen Vorteilen in der Beziehung zwischen Unternehmern und Arbeitern der gleichen Ethnie ausdrücken (Logan, et al., 1994).

Laut Oxford Dictionaries ist Ethnizität ein Faktum, das die Zugehörigkeit zu einer sozialen Gruppe, die eine gemeinsame Herkunft oder kulturelle Tradition aufweist, beschreibt (Oxford Dictionaries, 2014). Die Ethnizität oder ethnische Zugehörigkeit kann als ein Phänomen, welches aus einer gemeinsamer Herkunft und Werteteilung einer Personengruppe entsteht, bezeichnet werden. Dabei teilen die Gruppenmitglieder die gleichen kulturellen, politischen und wirtschaftlichen Interessen (u. a. Portes, 1984; Waldinger, et al., 1990; Hutchinson & Smith, 1996). Im Kontext des ethnischen Unternehmertums ist die Ethnizität *„a set of connections and regular patterns of interaction among people sharing common national background or migration experiences"* (Waldinger, et al., 1990, p. 33).

Der Link zwischen Ethnizität bzw. ethnischer Zugehörigkeit und Unternehmertum wird oft durch die geschichtliche Entwicklung einer Ethnie begründet. Zudem wird dies in den Statistiken aufgeführt und zeigt so signifikante Unterschiede je nach Ethnie in Bezug auf ihr Arbeitsverhältnis (Panayiotopoulus, 2010, p. 35).

Diese obigen Definitionen und Ausführungen tendieren zu einer dauernden ethnischen Zugehörigkeit. Diese kann sich jedoch im Zeitverlauf ändern. Objektiv kann man dies etwa in den Nachfolgegenerationen der Zuwanderer beobachten. Diese passen sich immer mehr an die Schweizer Gegebenheiten bzw. die Schweizer Kultur an. Auch durch die Interaktion zwischen unterschiedlichen Kulturen ist eine Entstehung neuer „Ethnien" zumindest in Teilen der Schweiz objektiv beobachtbar. Diese Aussagen beruhen auf den objektiven Beobachtungen des Autors dieser Arbeit und werden nicht weiter begründet. Sonst würde man sich stark auf die soziologische Ebene bewegen und den Forschungsfokus hier – welcher ohnehin breit ist – noch mehr erweitern.

2.3 Entrepreneur & Entrepreneurship

Nach einer ersten Erläuterung der Begriffe Migrant und Ethnizität ist es notwendig, eine breite Definition dessen, was unter den Begriffen Entrepreneur und Entrepreneurship zu verstehen ist, zu geben. Diese Begriffe, die in dieser Arbeit in unterschiedlichen Variationen verwendet werden, stammen aus dem Französischen[6] und werden in der deutschen Übersetzung oft als Unternehmer, Unternehmertum, Selbständige, Selbständigkeit, Existenzgründer, Existenzgründung oder Unternehmensgründer oder Unternehmensgründung bezeichnet (Duden, 2014; Ripsas, 1997a, p. 5ff). Für die beiden Begriffe gibt es weder in der Theorie noch in der Praxis allgemein akzeptierte Definitionen oder Variablen, um sie abzugrenzen (u. a. Gokce, 2013, p. 5; Fueglistaler, et al., 2012, p. 22; Ripsas, 1997, p. 55). Um für diese Arbeit gültige Definitionen abzuleiten, werden in der folgenden Tabelle zunächst Begriffe ausgewählter Autoren für die Entrepreneurship und Entrepreneur wiedergegeben:

Tabelle 1: Ausgewählte Definitionen der Begriffe Entrepreneurship und Entrepreneur

Autor	Entrepreneurship	Entrepreneur
Fueglistaler et al.	*„Ein Prozess, der von Individuen initiiert und durchgeführt wird und der dazu dient, unternehmerische Gelegenheiten[7] zu identifizieren, zu evaluieren und zu nutzen"* (Fueglistaler, et al., 2012, p. 21ff).	*„Ein Individuum, das innovative Produkte oder Produktionsmethoden am Markt durchsetzt [...], jedoch nicht zwangsläufig Inhaber eines Unternehmens sein muss. Entrepreneure verfolgen ihre Projekte mit Konsequenz und sind in der Lage, die notwendigen Ressourcen zur Umsetzung ihrer Ideen zu akquirieren. Unternehmer [...] sind in der Lage Risiken einzugehen"* (Fueglistaler, et al., 2012, p. 21ff).

---

[6] Das Wort „entrepreneur" stammt ursprünglich aus dem 13. Jahrhundert, abgeleitet vom französischen Verb „entreprendre", was u. a. „etwas unternehmen oder vornehmen" bedeutet. Die Nominalform „Entrepreneur" stammt aus dem 16. Jahrhundert und bezeichnet jemanden, der einer Geschäftstätigkeit nachgeht. Im akademischen Rahmen wurde der Begriff erstmals im Jahre 1730 vom Ökonomen Richard Cantillon verwendet. Dabei bezog er sich vorwiegend auf die finanzielle Risikobereitschaft einer Person in Bezug auf eine Geschäftstätigkeit (Sobel, 2008).

[7] *„Situationen, in denen neue Zweck-Mittel-Beziehungen möglich sind und Produkte oder Dienstleistungen verkauft werden"* (Fueglistaler, et al., 2012, p. 21).

Schumpeter	Der Ökonom beschreibt die Entrepreneurship als einen Prozess der schöpferischen Zusammensetzung der Produktionsfaktoren. Dabei sollen die Produktionsfaktoren oft und variantenreich zusammengesetzt werden, um neue Innovationen zu schaffen (Schumpeter, 2008, p. 95ff).	Ein Unternehmer ist gemäss Ökonomen eine Person, welche die Gabe besitzt, die Produktionsfaktoren immer wieder neu und variantenreich einzusetzen, um Innovationen auf den Markt zu bringen. Dabei muss sie nicht immer als Inhaber eines Unternehmens agieren (Schumpeter, 2008, p. 110ff).
Kirzner	Unternehmertum ist gemäss Kirzner ein aktiver Entdeckungsprozess/Marktprozes der zu einem Marktgleichgewicht führen soll (Kirzner, 2008, p. 1ff).	Jemand, der aktiv diesen Entdeckungsprozess gestaltet und dabei einen einzigartigen Spürsinn für Neues oder Andersartigkeit besitzt. Dabei benötigt er nicht vollkommen neue Informationen, um mit etwas Neuem das Marktgleichgewicht herbeizuführen (Kirzner, 2008, p. 3ff).
Casson	Gemäss Casson ist Entrepreneurship der Umgang mit Volatilität. Also die Fähigkeit, mit sich ständig ändernden Umfeldvariablen wie Ressourcen, Zeit, technologischer Entwicklung, etc. umzugehen und dabei ein Wachstum zu generieren (Casson, 2005, p. 331ff).	Eine Person, die in volatilem Umfeld/volatilen Situationen Entscheidungen trifft und insbesondere eine koordinative Funktion übernimmt, um damit auf den Märkten eine bestmögliche Allokation der Ressourcen anzustreben (Casson, 2005, p. 329ff).

Quelle: Eigene Darstellung

Analog zu den obigen Definitionen gibt es zahlreiche Definitionen weiterer Autoren, wie bspw. Blum & Frank, (2001); Knight, (1921); Timmons & Spinelli, (1994); Drucker, (1999); Faltin, (2010); oder Jean B. Say[8] (18th Jahrhundert), die durchaus auch diskutiert werden könnten. Doch deren Beitrag zum Begriffsverständnis weicht nicht wesentlich von dem der

---

[8] Siehe Artikel von Sobel, (2008), auf www.econlib.org

hier berücksichtigten Autoren ab. Zwecks Ergänzung wird hier dennoch eine lexikalische und behördliche Begriffserklärung wiedergeben:

Tabelle 2: Weiterführende Begriffsdefinitionen von Entrepreneurship und Entrepreneur

Quelle	Entrepreneurship	Entrepreneur
Behördlich	Förderung der Innovationen, Technologien, angewandte Forschung und Entwicklung, Promotion der Gründungen sowie Hilfe beim Technologietransfer zwischen Hochschulen und Wirtschaft (KMU Portal, 2014a). Dabei ist gemäss OECD die Setzung der Rahmenbedingungen in der behördlichen Entrepreneurship mehr zu gewichten (OECD, 2004).	*„Als selbständig erwerbend geltende Personen, die unter eigenem Namen auf eigene Rechnung arbeiten sowie in unabhängiger Stellung sind und ihr eigenes wirtschaftliches Risiko tragen"* (SECO, 2014).
Lexikarisch	*„Entrepreneurship bezeichnet zum einen das Ausnutzen unternehmerischer Gelegenheiten sowie den kreativen und gestalterischen unternehmerischen Prozess in einer Organisation bzw. einer Phase unternehmerischen Wandels, und zum anderen eine wissenschaftliche Teildisziplin der Betriebswirtschaftslehre"* (Gabler Wirtschaftslexikon, 2014).	*"(...) a person who sets up a business or businesses, taking on financial risks in the hope of profit"* (Oxford Dictionaries, 2014).

Quelle: Eigene Darstellung

Um zumindest im Rahmen dieser Arbeit für begriffliche Klarheit zu sorgen, werden ausgehend von obigen Erläuterungen die Begriffe Entrepreneur und Entrepreneurship für diese Arbeit folgendermassen definiert:

Entrepreneur: Ein Entrepreneur ist jemand, der trotz Risikobehaftung Chancen bzw. wirtschaftliche Gelegenheiten wahrnimmt und diese in der Praxis initiiert, indem er die hierfür nötigen Konzepte aufbereitet. Anschliessend beschafft er die für die Umsetzung nötigen Ressourcen (Finanzen, Human Ressources, Rohmaterial etc.).

Entrepreneurship: Entrepreneurship ist ein Sammelbegriff für die Innovations- und Gründungsförderung in einer Volkswirtschaft. Dabei spielen Institutionen (Forschung, Hochschulen, Bildung), Politik und Gesellschaft eine wichtige Rolle für die Förderung und Wahrnehmung entrepreneurialer Aktivitäten. Insbesondere hat Entrepreneurship zum Ziel, die knappen Ressourcen möglichst effizient zu nutzen und dabei den gesellschaftlichen Wunsch nach Nachhaltigkeit und Arbeitsplätzen nicht aus den Augen zu verlieren.

Nachdem einige der für diese Arbeit zentralen Begriffe definiert sind, geht es im nächsten Abschnitt um die in Theorie und Praxis oft angewandten Begriffe des Forschungsspektrums.

2.4 Begriffliche Vielfalt im Untersuchungskontext

Der Begriff „Ethnic Business" wird sowohl in der Praxis wie auch in wissenschaftlichen Arbeiten sehr unterschiedlich verwendet. Die am häufigsten vorkommenden Begriffe sollen in den folgenden Abschnitten kurz umrissen werden, um dann den für diese Arbeit zentralsten Begriff des „Swiss Ethnic Business" abzuleiten. Die Auseinandersetzung mit den Begrifflichkeiten soll auch erste Hinweise auf die relevanten Themengebiete in diesem breiten Forschungsgebiet geben.

2.4.1 Ethnic Business

Der englische Begriff „Ethnic Business", wird im deutschen Sprachraum vorwiegend als *ethnisches Unternehmertum* oder *ethnische Ökonomie* verwendet (Gokce, 2013, p. 14; Light & Gold, 2000, p. 3). Verstanden werden darunter insbesondere die Selbständigen sowie die Arbeitgeber und Arbeitnehmer aus einer ethnischen Gruppe (Bonacich & Modell, 1980, p. 110ff). In ähnliche Richtung argumentiert auch Waldinger, wobei er die Begriffe Ethnic und Ethnic Business im gleichen Kontext definiert: Ethnic Business ist *„a set of connections and regular patterns of interaction among people sharing common national background or migration experiences"* (Waldinger, et al., 1990, p. 33). Light und Gold (2000, p. 3) ihrerseits sprechen von ethnischen Ökonomien als einer Zusammensetzung von ethnischen Eigentümern und deren Mitarbeitern aus der gleichen Community bzw. unbezahlter Mitarbeit von Familienangehörigen.

Alle hier diskutierten Definitionen deuten auf eine Segregation hin. Sprich, die wirtschaftlichen Tätigkeiten (Beschäftigung, Produkte, Vermarktung, Kundenansprache etc.) werden vorwiegend innerhalb einer ethnischen Gruppe abgewickelt, und die ethnische Zugehörigkeit begünstigt eine Unternehmensgründung. Es handelt sich also um jenen Teil der Wirtschaft, der vorwiegend durch eine ethnische Gruppe entwickelt und ausgeübt wird. Dabei werden Zugehörige einer ethnischen Gruppe, die anderweitig eine Anstellung gefunden haben, hier nicht berücksichtigt (Haberfellner, et al., 2000, p. 12f). Als Beispiele für Ethnic Business dürften Chinatowns, indische Quartiere in Grossbritannien oder die türkischen Lebensmittelläden in Deutschland zählen (Meier, 2008, p. 8).

2.4.2 Ethnic Enclave Economy

Soziologisch charakterisiert sich die „Ethnic Enclave Economy", also die ethnische Enklave als ein Raum mit hoher ethnischer Konzentration, der sich kulturell stark von der vorherrschenden Gesellschaft unterscheidet (Abrahamson, 1996, p. 781f). Ableitend von dieser Terminologie und vom ökonomischen Handeln trifft die Definition von Portes und Jensen für die ethnische Enklavenökonomie als *„a concentrated network of ethnic firms, that creates jobs and opportunities for entrepreneurship"* (Portes & Jensen, 1992, p. 419) zu. Den Kern der Enklaventheorie bildet das Humankapital, wobei die Theorie besagt, dass durch eine gemeinsame ethnische Zugehörigkeit der Erfolg für die Arbeitnehmer und Entrepreneure höher liege als auf dem offenen Markt und zugleich die Aufstiegsmobilität in einer Gesellschaft erhöht sei (Garapich, 2008, p. o. S.). Hinzu dürfte die ethnische Solidarität zählen, die als treibende Kraft bei ethnischen Unternehmensgründungen angesehen wird (Hillmann, 1997, p. 19). Aus diesen Ausführungen ist analog zur obigen Darstellung beim Ethnic Business eine Segregation festzustellen. Tatsächlich ist es schwierig, beide Begriffe voneinander abzugrenzen. Lange wurden beide Begriffe gleichgesetzt. Inzwischen wird die Enklavenökonomie als ein Spezialfall des Ethnic Business angesehen (Haberfellner, et al., 2000, p. 13). Als prominente Beispiele für Enklavenökonomien dürften Chinatowns in Vancouver, New York oder Sydney gelten. Analoge Entwicklungen sind in der Schweiz nicht zu beobachten. Dies könnte damit zusammenhängen, dass die ethnischen Gruppen in der Schweiz relativ klein sind und die politischen Rahmenbedingungen die Entstehung von Enklavenökonomien verringern. Ob dies tatsächlich zutrifft, muss in gesonderten Studien geprüft werden (Meier, 2008, p. 9).

2.4.3 Immigrant Business

Der Begriff „Immigrant Business" wird im Deutschen als Migrantenökonomie übersetzt und impliziert im Gegensatz zum Ethnic Business einen Wanderungsvorgang, welcher Unternehmer mit Migrationshintergrund bezeichnet (Haberfellner, 2011, p. 2). Ähnlich argumentieren auch Unternehmen ohne Grenzen: *„Unter Migrantenökonomie wird die selbständige Tätigkeit von Erwerbspersonen mit Migrationshintergrund und die abhängige Beschäftigung in diesen Betrieben verstanden"* (Grenzen, 2007, p. 18). Teilweise werden neben der sogenannten 1. Generation auch die 2. Generation, also die Kinder von Immigranten, berücksichtigt (Haberfellner, 2011, p. 2). Im Unterschied zum Ethnic Business oder Immigrant Business, sprich Unternehmen von Zugewanderten, müssen Migrantenökonomien nicht zwangsläufig den Kriterien des Ethnic Business entsprechen, also eine bestimmte Gruppe mit bestimmten Produkten ansprechen. Doch beinhaltet der Begriff Immigrant Business implizit, dass die Immigranten bzw. Personen mit Migrationshintergrund eine unternehmerische Tätigkeit anders auffassen, angehen und gestalten als die Einheimischen. Dieser Unterschied könnte in vielen Faktoren wie bspw. Migrationshintergrund, Reifegrad der Community, kulturellem Hintergrund, der Mentalität sowie sozialen und familiären Strukturen begründet sein. Daher ist davon auszugehen, dass die Unternehmer mit Migrationshintergrund mit anderen Chancen und Hindernissen konfrontiert sind (Stadt, 2005, p. 10).

2.4.4 Ethnic Niche Economy

Gemäss Heckmann bedeutet *ethnische Nischenökonomie* das Anbieten von Produkten oder Dienstleistungen, die von den einheimischen Unternehmen nicht angeboten werden (Heckmann, 1998, p. 34). Andere Autoren bezeichnen Nischenökonomie als Angebot von ethnischen Produkten an die ethnischen Gruppen und benutzen hierfür den Begriff *Ergänzungsökonomie* (u.a. Fischer, 2001; Pütz, 2000; Hillmann, 2001). Aus diesen Definitionen kann man ableiten, dass das Angebot an ethnischen Produkten und Dienstleistungen den zentralen Aspekt der ethnischen Nischenökonomie bildet. Dies kann in einer ersten Phase von den Migranten als Gelegenheit für die Selbständigkeit wahrgenommen werden, um vorwiegend Bedürfnisse der eigenen ethnischen Gruppe zu befriedigen. In einer zweiten Phase kann das Angebot auch anderen ethnischen Gruppen bzw. der Mehrheitsgesellschaft und von diesen selbst angeboten werden. *„Dieser Verschiebungstrend weg von einem ethnischen und hin zu einem pluralistischen Kontext kann dann als ein Zeichen für die Integration interpretiert werden"* (Fischer, 2001, p. 37). In einer fortgeschrittenen Entwicklungsphase einer ethnischen Nischenökonomie werden nicht nur industrielle Produkte und Dienstleistungen angeboten, sondern es können auch andere Branchen wie bspw. Banken,

Versicherungen, Medien infrage kommen (Floeting, et al., 2005, p. 4). Zu den prominentesten ethnischen Nischenökonomien dürften Pizzerias oder Kebabhäuser sowie typische ethnische Produkte wie Henna oder „Gazi-Käse" zählen. Die Gegebenheiten ethnischer Ökonomien können entsprechend dieser Begriffsdefinition nur in begrenztem Mass analysiert werden, weil die ethnischen Gruppen in der Schweiz klein sind bzw. ihre räumliche Konzentration relativ gering ist (Meier, 2008, p. 10).

2.4.5 Minority Entrepreneurship

Minority-Unternehmer sind Unternehmer, die nicht zu der Mehrheitsbevölkerung zählen. So zählen bspw. in den USA Schwarze, Hispanics, Asiaten, Indianer, First Nations und gelegentlich auch Frauen zu den Minderheiten (Blockson, 2008, p. 5). Ein Minority-Unternehmer muss nicht unbedingt ein Immigrant sein und muss nicht zwangsläufig Werte bzw. Merkmale einer ethnischen Minderheit (gemeinsame Geschichte, Sprache, Religion etc.) teilen. Allerdings gehört er zu einer ethnischen Minderheit (Basu & Altinay, 2002). In diesem Kontext wird im deutschsprachigen Raum oft auch von ausländischer Selbständigkeit gesprochen (Gokce, 2013, p. 16). Wobei hier falsche Assoziationen aufkommen können: CEOs/Manager von Zweigniederlassungen ausländischer Firmen, die in der Schweiz registriert sind, dürfen gemäss bisherigen Definitionen bspw. nicht zum Forschungsstand des ethnischen Business gezählt werden. Inwieweit eine solche Abgrenzung gemacht wird, bedarf einer genauen Untersuchung. In diesem Kontext bezeichnet das BFS die Selbständigen als *„Selbständige auf eigene Rechnung, aber auch Angestellte einer Aktiengesellschaft (AG) oder einer Gesellschaft mit beschränkter Haftung (GmbH), die zugleich einen wesentlichen Teil des Kapitals besitzen und im Betrieb selbst arbeiten. Die Unterscheidung ist rechtlicher Natur und hängt von der Frage ab, ob die persönliche Verantwortung bei der Berufsausübung eingeschränkt wird oder nicht"* (BFS, 2006, p. 3).

2.5 Kritische Würdigung und Definition „Swiss Ethnic Business"

Die kurzen Ausführungen zu den Ethnic-Business-Begrifflichkeiten haben gezeigt, dass es zahlreiche Definitionen und Auslegungen rund um die ethnische Wirtschaft gibt. Viele Begriffe wie bspw. „ethnic business", „immigrant business" sowie „ethnic enclave economy" werden aus dem Englischen nach freiem Gutdünken ins Deutsche übersetzt. Daher kann es vorkommen, dass derselbe Begriff von unterschiedlichen Wissenschaftlern anders ausgelegt wird. Dies könnte unter anderem auch damit zusammenhängen, dass viele Studien unabhängig voneinander angegangen worden sind. Zum anderen ist festzuhalten, dass es keine scharfe Trennung zwischen einigen Definitionen gibt. Weiter hat die begriffliche Auseinandersetzung aufgezeigt, dass Ethnic Business sich in einem interdisziplinären Spannungsfeld befindet. So spielen nebst soziologischen, anthropologischen und wirtschaftswissenschaftlichen Disziplinen auch andere Aspekte wie bspw. Betriebswirtschaft, Recht etc. eine Rolle. Und es wurde festgestellt, dass die Begriffe nicht auf die Gründe hinweisen, warum eine Person immigriert oder emigriert. Speziell soll die Definition Ethnie bzw. ethnische Zugehörigkeit von Waldinger (siehe Kapitel 2.2) kritisch hinterfragt werden. Denn es ist heutzutage eine Tatsache, dass immer mehr Migranten, vor allem Folgegenerationen, sich mehr an der Zielkultur orientieren als an jener des Herkunftslandes. Zumindest ist dies objektiv in der Schweiz zu beobachten.

Generell könnte der Zusammenhang zwischen Migration, Ethnizität und Unternehmertum im politischen und wirtschaftlichen Widerspruch liegen. Zum einen wird die Globalisierung - und insbesondere die Arbeitsteilung – wirtschaftlich gepusht, was u. a. einen starken Einfluss auf die weltweite Mobilität hat, und zum anderen sind es lokal-politische Gegebenheiten wie bspw. Nationalismus oder rechtliche und institutionelle Hürden, die ethnisches Unternehmertum gewissermassen erzwingen.

Es sind bei weitem nicht alle Begrifflichkeiten in diesem Kontext erläutert worden. Die Diskussion der ausgewählten Definitionen sorgt jedoch für eine gewisse begriffliche Klarheit, speziell dann, wenn sie synonym verwendet werden. Nachfolgend werden ausgewählte Begrifflichkeiten aggregiert, grafisch dargestellt und als „Bluebox der Ethnic-Business-Definitionen" bezeichnet. Die Bluebox besteht aus drei Dimensionen: personell, räumlich und Produkt/Dienstleistung. Diese Dimensionen wurden aus den bisherigen begrifflichen Definitionen abgeleitet. Die Bluebox soll zusätzlich helfen, sich in der begrifflichen Vielfalt zurechtzufinden:

Abbildung 2: Bluebox der Ethnic-Business-Definitionen

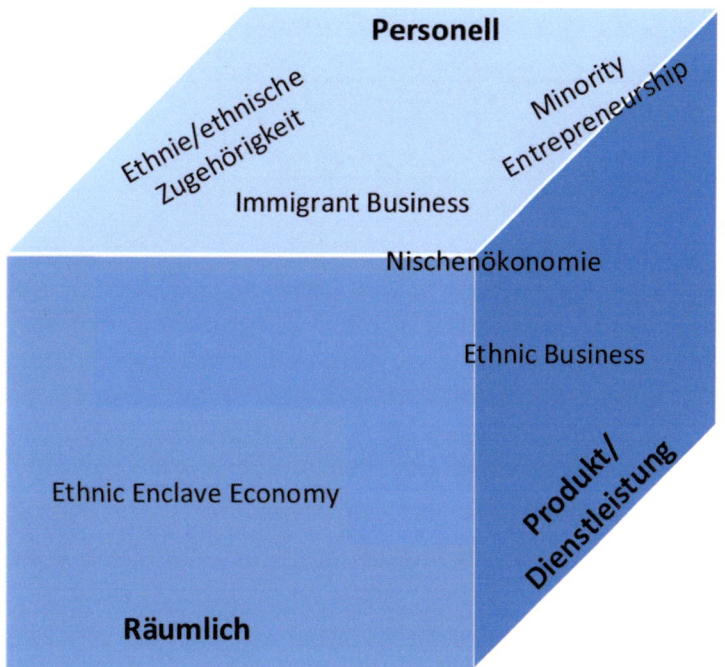

Quelle: Eigene Darstellung in Anlehnung an Meier 2008, p. 11

Nach der kritischen Würdigung werden nun die Begriffe „Ethnic Business" sowie „ethnischer Unternehmer" für diese Arbeit definiert und als „Swiss Ethnic Business" bzw. „Swiss Ethnic Unternehmer" bezeichnet.

Swiss Ethnic Business (SEB): SEB befasst sich mit den ethnischen Unternehmen. Vorrangig spielt dabei der Migrationshintergrund der Unternehmer eine Rolle. Dabei sind weder die Generationszugehörigkeit noch der Besitz der hiesigen Staatsbürgerschaft relevant. Die ethnische Prägung der Angebote/Dienstleistungen sowie die Klientel sind zweitrangig. Es werden auch keine branchen- oder klassenspezifischen Grenzen gezogen. Swiss Ethnic Business geht davon aus, dass alle in der Schweiz lebenden Migranten sämtlichen Berufen bei Wunsch und Eignung selbständig nachgehen können bzw. Unternehmen gründen und übernehmen können. Damit ist SEB ein bewusst breit ausgelegter Begriff, weil die Schweiz relativ kleine Strukturen (geografisch wie auch Anzahl ethnischer Gruppen) aufweist. SEB würde sonst im engeren Sinne gar nicht existieren. SEB befasst sich mit den Entstehungsgründen, Chancen und Schwierigkeiten sowie Strukturen der ethnischen Unternehmen. Dabei verfolgt SEB einen ganzheitlichen Mix aus Forschung, Gesellschaft, Volkswirtschaft und Politik. SEB forscht, schlägt Massnahmen vor und sensibilisiert. Damit stiftet SEB einen integrationspolitischen sowie volkswirtschaftlichen Nutzen.

> **Swiss Ethnic Unternehmer (SEU):** *In diesem Zusammenhang ist ein SEU jemand, der zu einer ethnischen Gruppe gehört bzw. einen ethnischen Migrationshintergrund hat und in der Schweiz selbständig ist oder ein Unternehmen gegründet bzw. übernommen hat. Es handelt sich um eine risikobereite Person, die trotz Schwierigkeiten und Hürden unternehmerische Gelegenheiten auf dem Markt wahrnimmt. Dabei muss die Person nicht zwangsläufig mit den Ressourcen (Humankapital, Geld etc.) ausgestattet sein. Diese Definition beinhaltet auch Merkmale wie Ethnizität, Religion, Sprache und soziale Netzwerke. Die Beweggründe der Selbständigkeit der SEU können internistischer oder extrinsischer Art sein: Anschluss an die Zielgesellschaft, Wahrnehmung unternehmerischer Gelegenheiten, Überwindung institutioneller und sozialer Hürden oder finanzielle Besserstellung.*

Nachdem die begrifflichen Bausteine gelegt sind, geht es in den nachfolgenden Kapiteln um die Entstehung des Ethnic Business, kurz um den internationalen und europäischen Forschungsstand, verschiedene theoretische Ansätze sowie um das Ethnic Business in der Schweiz.

3 Ethnic Business – Entstehung, Forschungsstand und Forschungsansätze

Nachdem zuvor begriffliche Grundlagen in der Breite gelegt wurden, soll in diesem Kapitel ein Schritt in die Tiefe gemacht werden. So wird zunächst ein Blick auf die historische Entwicklung des Ethnic Business geworfen. Anschliessend wird der Stand der Forschung auf internationaler sowie europäischer Ebene kurz dargelegt. Dabei wird der Fokus eher auf die deutschsprachigen Nachbarländer gelegt. Danach werden verschiedene Forschungsansätze erläutert. Schliesslich werden die Erkenntnisse kritisch hinterfragt und ein für diese Arbeit geeignetes Modell entwickelt.

3.1 Historische Annäherung

Max Weber argumentierte, dass für die Entwicklung des modernen Kapitalismus ein entscheidender Bruch mit der Tradition notwendig sei (Light & Gold, 2000, p. 5). Gemäss Weber würden bei diesem Shift hin zum modernen Kapitalismus die Ethnizität bzw. die ethnische Prägung eine entscheidende Rolle spielen, denn sie würden, im Gegensatz zur Tradition, die soziale Organisation mit einem rationalen Universalismus und die Vielfalt als die zukünftige Entwicklungsrichtung für die ganze Menschheit gesehen (Panayiotopoulus, 2010, p. 8). Weber vertrat, in Übereinstimmung mit Karl Marx, die Auffassung, dass die Wiege des modernen Kapitalismus in einer einfachen und ethnisch strukturierten Wirtschaft liege. Diese Art von Wirtschaft, die mehr durch ein Zugehörigkeitsgefühl und sozialen Austausch innerhalb einer ethnischen Community gekennzeichnet ist als durch monetäre und Profit-Orientierung, wurde lange ignoriert (Haberfellner, 2000, p. 1). Denn man glaubte, dass sich durch Bürokratismus und Skaleneffekte immer mehr grosse Unternehmen durchsetzen und die kleinen Betriebe zu einer vernachlässigbaren Restkategorie verdrängt würden (Light & Karageorgis, 1994, p. 647). Begünstigt durch Globalisierung und Filialisierung, konnte eine solche Entwicklung im 20. Jahrhundert tatsächlich beobachtet werden (Wenter, 2011, p. 10). Damit einhergehend verlor die Sozialwissenschaft das Interesse an der Unternehmensforschung, welche sie zuvor stark verfolgt hatte (Light, 1987, p. 199). Als es jedoch in den 1970er-Jahren zu einer Kehrtwende kam und die Zahl der Klein- und Mittelunternehmen stetig zunahm (Leicht, 1995), wurde das Interesse der Sozialwissenschaften am Unternehmertum wiedererweckt. Zu Beginn der 1980er-Jahre zog insbesondere die unternehmerische Selbständigkeit der Migranten und ethnischen Minderheiten die Aufmerksamkeit der Forschenden auf sich (Haberfellner, et al., 2000, p. 11).

Historisch gesehen ist das ethnische Unternehmertum keineswegs ein neues Phänomen. Denn es war und ist ein Bestandteil jeder Migration und hat seinen Ursprung in den USA, wo viele KMU seit 1880 einen Migrationshintergrund haben (Barrett, et al., 1996). Diese geschichtliche Entwicklung legt nahe, warum die Erforschung des ethnischen Unternehmertums ihren Ursprung in den USA hat (Volery, 2007, p. 31).

Die über die Jahre abgeflachte Forschungsaktivität in Bezug auf die ethnischen Ökonomien erlebt seit den 1970ern ein Revival (Haberfellner, et al., 2000, p. 1). Diese wiederaufblühende Entwicklung in den USA griff auf andere europäische Länder über. Grossbritannien gilt als erstes europäisches Land, welches sich dem ethnischen Unternehmertum im urbanen Kontext gewidmet hat und das ethnische Unternehmertum als eine Möglichkeit für die Revitalisierung der heruntergekommenen Stadtteile einzusetzen wusste (Haberfellner, et al., 2000, p. 11; Wenter, 2011, p. 20).

Bis ins 19. Jahrhundert war der europäische Kontinent mit der grossen Auswanderung konfrontiert, und so blieb er weitgehend homogen (Volery, 2007, p. 31). Doch das Blatt wendete sich nach dem Zweiten Weltkrieg, als Europa neu aufgebaut werden musste und die Wirtschaft einen Aufschwung erlebte. Die Migrationspolitik der westeuropäischen Länder war lange auf niedrigqualifizierte Arbeitskräfte zugeschnitten, d. h., die Migranten wurden vorwiegend als Gastarbeiter für eine beschränkte Zeitdauer angeworben. Heutzutage fokussiert die Migrationspolitik auf gutqualifizierte Migranten. Dies spielt sich in diversen Anstrengungen der EU wider, wie bspw. dem Bologna-System zwecks einer einheitlichen europäischen Bildungslandschaft oder darin, dass Englisch als institutionelle Sprache gesamteuropäisch gefördert wird (OECD, 2010, p. 6).

Die frühen theoretischen Annahmen, die nach wie vor Gültigkeit haben, gingen davon aus, dass die ethnischen Unternehmensgründungen offensichtlich ein Reaktion auf den erschwerten Zugang zum Arbeitsmarkt darstellen (Volery, 2007, p. 1). Auf die historischen Annäherungen folgt nun die Betrachtung des internationalen Forschungsstandes.

3.2 Forschungsstand

Wie eingangs erwähnt (siehe Kapitel 1.1), gewinnt die ethnische Unternehmertumsforschung weltweit zunehmend an Bedeutung. Es wurden bereits einige Pioniere dieses Forschungszweiges (Waldinger und Light) diskutiert. In diesem Kapitel sollen einige ausgewählte Studien im Ethnic-Business-Kontext kurz diskutiert werden, um daraus zukünftige Forschungsrichtungen abzuleiten. Dieses Kapitel teilt sich in zwei Subkapitel: International und

Europa. Dabei werden die deutschsprachigen Nachbarländer der Schweiz, Deutschland und Österreich, gesondert und z. T. vertieft diskutiert.

3.2.1 Forschungsstand – International

Der Stand der internationalen Forschung wird anhand einiger ausgewählter Forschungsarbeiten eruiert. Dabei spielen einzig die Aktualität sowie Vorschläge von Cavusgil, et al[9]., (2011) eine Rolle:

In ihrer Untersuchung haben die Autoren Ilhan-Nas, et al. (2011), Literatur über internationales Ethnic Entrepreneurship zwischen 1936 und 2009 aus 32 Zeitschriften, die im Social Science Citation Index (SSCI) publiziert sind, inhaltlich analysiert. Sie identifizieren „Vorgeschichte, Ergebnisse auf individueller, organisatorischer und Länderebene sowie theoretischen Rahmen für analytische Methoden und Einschränkungen", die in zukünftigen Studien zum internationalen ethnischen Unternehmertum adressiert werden sollten. Die wichtigsten Ergebnisse dieser Studie sind die entscheidenden Auswirkungen von „Transnationalismus", „Mixed Embeddedness[10]" und der „Interaktion" zwischen Sozial-, Human- sowie Finanzkapital und ethnischem Unternehmertum.

In ihrer Untersuchung „Explaning ethnic entrepreneurship: An evolutionary economics approach" haben sich die Autoren Ibrahim & Galt (2011) insbesondere auf die Entstehungsgründe von ethnischen Unternehmen konzentriert. Sie weisen darauf hin, dass die kulturellen und ökonomischen Ansätze nicht genügen, um eine adäquate Erklärung der Unterschiede zwischen ethnischen Gruppen und Gründungsraten zu erklären. Mithilfe eines institutionellen Analyserahmens bieten die Autoren einen ganzheitlichen Erklärungsansatz für die ethnischen Unternehmensgründungen. Sie führen eine Reihe von kulturellen und wirtschaftlichen Faktoren auf, die die Pfadabhängigkeit von Aktivitäten und dynamischer Entwicklung von Verhalten und Gründungsaktivitäten begründen.

Für die Entstehungsgründe und das Management von ethnischen Unternehmern haben die Forscher Chand & Ghorbani (2011) in ihrer Studie „National culture, networks and ethnic entrepreneurship: a comparison of the Indian and Chinese immigrants in the US" eine Kombination von nationalem und kulturellem Konzept sowie der Sozialkapitaltheorie verwendet. Dabei haben die Autoren den Einfluss der verschiedenen kulturellen Dimensionen auf die Verwendung des sozialen Netzes durch Migranten bei der Unternehmensgründung

---

[9] Cavusgil, et al. haben sich in einer speziellen und aktuellen Ausgabe der „International Business Review" vertieft und ausführlich mit dem „International Ethnic Entrepreneurship" befasst.
[10] Die Begriffe „Transnationalismus" und „Mixed Embeddedness" werden in dieser Arbeit noch genauer erklärt.

untersucht. In ihrer speziell auf indische und chinesische Communities bezogenen Untersuchung haben die Forscher herausgefunden, dass jede ethnische Gruppe eigene, spezifische Herangehensweisen bei der Nutzung des sozialen Kapitals hat, wenn es darum geht, ein Unternehmen zu gründen. Dieser Unterschied manifestiert sich auch in ihrer Motivation bei der Unternehmensgründung.

Die Forscher Yang, et al. (2011) haben im Rahmen ihrer Untersuchung „Start-up and hiring practices of immigrant entrepreneurs: An empirical study from an evolutionary psychological perspective" die Annahme getroffen, dass eine starke Einbettung der Immigranten in ihre ethnischen Communities ein Schlüsselfaktor für die ethnischen Unternehmer ist. Sie haben untersucht, wie und inwieweit die biologischen Verwandtschaften und die biologischen Theorien des Altruismus Einfluss auf das Verhalten von ethnischen Unternehmern haben. Dabei haben sie ein neues Konzept der neo-darwinistischen Evolutionstheorie von Verwandtschaften herangezogen. Dieses soll den Zusammenhang zwischen Verwandtschaft und ethnischem Altruismus in Unternehmensgründungen erklären. In ihrer auf die koreanische Ethnie bezogenen Untersuchung bestätigen sie den oben erwähnten Zusammenhang. Also sind die von koreanischen Unternehmern für Unternehmensgründungen erfahrenen Hilfsmuster deckungsgleich mit einer evolutionären Perspektive und Altruismus. Sehr interessant ist auch ihre Feststellung bezüglich der Personalanstellung: Dabei sei die ethnische Prägung der Kunden viel wichtiger als die Verwandtschaft oder die Interessen der eigenen ethnischen Gruppe.

Shinnar, et al. (2011) haben im Rahmen ihrer auf den ethnischen Ressourcen basierten Untersuchung „Co-ethnic markets: Financial penalty or opportunity?" den Einfluss der ethnischen Zugehörigkeit auf die finanzielle Lage eines Unternehmens untersucht. Die auf Afro-Amerikaner, Korean-Amerikaner und Mexican-Amerikaner fokussierte Forschung hat gezeigt, dass das Alter und der Familienstand der Gründer das Ausmass, in dem ein Unternehmer auf die Klientel aus der eigenen ethnischen Community setzt, bestimmen. Weiter hat die Untersuchung die Notwendigkeit der Ressourcen-orientierten Unternehmensführung zum Erzielen von Wettbewerbsvorteilen bestärkt.

Eine weitere interessante Untersuchung kommt von den Forschern Riddle & Brinkerhoff (2011) „Diaspora entrepreneurs as institutional change agents: the case of Thamel.com". In dieser Studie befassen sich die Forschenden mit einem Sonderfall des ethnischen Unternehmertums: Ethnische Unternehmer, die in ihrem Ursprungsland ein Unternehmen gründen. Dabei reden die Forschenden von Ausdruck und Annahmen institutioneller Rollen und Beziehungen auf einer neuen kulturellen Anpassung und nennen es „institutional acculturation". Im Gegensatz zu bisherigen Untersuchungen, welche die kulturelle Anpassung im

Zielland analysieren, haben Riddle & Brikerhoff den Fokus auf das Herkunftsland gelegt. In ihrer Fallstudie aus Nepal wird die Rolle der institutionellen, kulturellen Anpassung auf die ethnischen Unternehmer in ihrem Herkunftsland diskutiert.

Als letzte Untersuchung wird die GEM-Studie[11] betrachtet, welche in ihrem letzten Heft „Global Report on Entrepreneurship 2012" dem ethnischen Unternehmertum einen speziellen Stellenwert beigemessen hat. Grob zusammengefasst sind die GEM-Forscher der Meinung, dass die ethnischen Unternehmer für beide, Ziel- und Herkunftsland, einen nicht zu vernachlässigenden ökonomischen Beitrag leisten. Die Studienergebnisse zeigen, dass die ethnischen Unternehmer tendenziell eine höhere Wachstumsaspiration vorweisen, und zwar während allen Unternehmenswachstumsphasen. Zudem tendieren sie dazu, in innovationsorientierten Volkswirtschaften ihre Produkte und Dienstleistungen eher der internationalen Kundschaft anzubieten. Damit können die ethnischen Unternehmen beim internationalen Know-how-Transfer eine Scharnierrolle übernehmen, Arbeitsplätze schaffen und letztlich einen entscheidenden Beitrag zur Wettbewerbsfähigkeit ihres Ziellandes leisten. Die Forscher versuchen, den Policymakern der Zielländer diese Vorteile des ethnischen Unternehmertums näherzubringen und entsprechende Vorhaben zu unterstützen, damit noch mehr Arbeitsplätze geschaffen werden können und die eigene Wirtschaft zusätzlich globaler aufgestellt werden kann. Für die Herkunftsländer schlagen die Forscher vor, dass sie sich an die jeweilige Diaspora anknüpfen, um den wirtschaftlichen Austausch zu fördern (Xavier, et al., 2013, p. 53).

3.2.2 Forschungsstand – Europa

Die eingangs (siehe Kapitel 1.1) erwähnten weltweiten Migrationsströme und das damit einhergehende Ethnic Business sind auch in vielen europäischen Ländern ein Thema. Wie im Kapitel 3.1 angesprochen, war Grossbritannien das erste europäische Land, welches sich der Ethnic- Business-Forschung im urbanen Kontext gewidmet hat. Die Briten wollten Anfang der 70er-Jahre die durch die wirtschaftliche Rezession arg betroffenen Stadtteile mittels ethnischer Ökonomien wiederbeleben (Haberfellner, 2011, p. 1). Tatsächlich konnten zunehmende Unternehmensgründungen, insbesondere durch indische und pakistanische Ethnien, beobachtet werden. Dadurch wurde den Quartieren neues Leben eingehaucht (Light, 1987, p. 204).

Da im Gegensatz zu Grossbritannien in vielen anderen europäischen Ländern institutionelle Hürden die Unternehmensgründung erschwerten, hat die ethnische Unternehmensgründung in Kontinentaleuropa später eingesetzt (Haberfellner, 2011, p. 1). Als erstes Land ausserhalb

---

[11] Um den Forschungsfokus nicht zu verlieren, wird hier die Studie in groben Zügen diskutiert. Für eine vertiefte Analyse der Studienergebnisse siehe GEM Global Report 2012.

Grossbritanniens, welches sich mit der Ethnic-Business-Forschung befasste, dürfte Holland gelten: Es war Frederik von Heek, der sich mit seiner Studie „Chinese Immigrants in the Netherlands" (1936) mit den Gegebenheiten der Unternehmen von chinesischen Seemännern in einem Rotterdamer Quartier befasste. Auch wenn von Heek in seiner Studie nur die sozio-ökonomischen Aspekte untersuchte, ist er womöglich der erste Forscher Europas, der sich überhaupt dem Ethnic Business gewidmet hat (Rath & Kloostermann, 2000, p. 661).

Eine im europäischen Ethnic-Business-Kontext oft zitierte Studie ist jene der Autoren Baycan-Levent & Nijkamp (2009). Ihre auf breiten qualitativen und quantitativen Daten basierte Analyse kommt zum Schluss, dass das europäische Ethnic Business vorwiegend durch diverse Pushfaktoren wie bspw. hohe Arbeitslosigkeit, tiefe Partizipationschancen, Barrieren auf dem Arbeitsmarkt sowie Mixed Embeddedness[12] zu begründen sei. Weiter werden markant unterschiedliche Strukturen bzw. Beweggründe zwischen süd- und nordeuropäischen Ländern festgestellt: Während den Migranten in südlichen Ländern nichts anderes übrig bleibt, als Unternehmen in arbeitskraftintensiven Sektoren, mit Tendenz zur Untergrundökonomie, zu gründen, so weisen die Unternehmensgründungen durch Migranten in nördlichen Ländern ähnliche Beweggründe und Strukturen auf wie bei den Einheimischen und spielen dabei eine wichtige Rolle für die einheimische Volkswirtschaft.

Eine weitere Studie (2010), die vorwiegend durch die Teilnahme der europäischen OECD-Länder durchgeführt werden konnte, kommt zum Schluss, dass die Migranten in OECD-Ländern im Schnitt eine höhere Gründungsaktivität zeigen als die Einheimischen. Die Gründungsaktivitäten der Migranten gehen über die dem traditionellen ethnischen Unternehmertum zugeschriebenen Sektoren (Restaurant, Lebensmittel etc.) hinaus. Es ist eine Gründungsaktivität in diversen Branchen und Sektoren festzustellen, vermehrt auch in innovativen Bereichen. Insgesamt kommen die Experten zum Schluss, dass die ökonomischen und gesellschaftlichen Beiträge, welche von den durch Migranten gegründeten Unternehmen ausgehen, unbestritten hoch sind (Desiderio & Salt, 2010, p. 1ff).

Mittlerweile dürfte es kein europäisches Land mehr geben, das sich der Ethnic-Business-Forschung nicht widmet, und Europa kann derzeit auf einem rund 30-jährigen Forschungsstand aufbauen (Haberfellner, 2011, p. 1f). Weil Deutschland und Österreich in vielen Aspekten (Sprache, Kultur, Religion usw.) der Schweiz ähnlich sind, soll nun der Forschungsstand der deutschsprachigen Nachbarländer der Schweiz gesondert erläutert werden. Womöglich können auf diesem Wege Erfahrungen bzw. Hinweise für die Schweizer Ethnic-Business-Forschung abgeleitet werden.

---

[12] Mixed Embeddedness ist Analyseansatz in der Ethnic-Business-Forschung und wird im weiteren Verlauf dieser Arbeit genauer beschrieben.

3.2.2.1 Forschungsstand – Deutschland

Die Ethnic-Business-Forschung in Deutschland verfolgte ab den 80er-Jahren zunächst die Annahme, dass von den ethnischen Ökonomien eine anpassungshemmende und abschottende Wirkung ausgehe. Spätere Studien gaben diese segregative Annahme auf (Goldberg, 1996, p. 58f). Diese Änderung der Perspektive wurde erst durch einen politischen Kulturwandel möglich, denn man hatte gesehen, dass die Unternehmensgründungen durch Migranten zwischen 1980-2000 um satte 30% gestiegen waren, wohingegen die Gründungen durch Einheimische im gleichen Zeitraum lediglich 1% betrugen. Die damaligen politischen Anstrengungen, die Entrepreneurship auch unter Einheimischen zu fördern, haben u. a. dazu beigetragen, dass zahlreiche Sozialforscher sich vermehrt mit dem Ethnic Business befassten. Dabei wurde die zuvor erwähnte Segregationsannahme aufgegeben. Fortan befasste sich die Forschung vermehrt mit den Entstehungsgründen, Strukturen sowie der geographischen Verteilung und der Rolle bzw. mit dem ökonomischen und gesellschaftlichen Beitrag der ethnischen Ökonomien (u. a. Bögenhold, 1989; Blashke, 2001; Floeting & Henckel, 2003; Goldberg & Sen, 1999; Kontos, 2003; Jung & Abaci, 2005).

Zu den ersten Studien über die ethnischen Ökonomien in Deutschland dürften die von Wiebe (1982) und Blaschke & Ersöz (1987) zählen. Beide Autoren befassten sich mit den regionalen Gegebenheiten türkischer Unternehmen. Mit dem oben erwähnten Wandel der politischen Agenda nahm die Forschung im Ethnic-Business-Kontext in Deutschland rapide zu. Zu den umfangreichsten Studien dürfte die Arbeit von Loeffelholz, et al. (1994) zählen. Die Autoren haben sich im Auftrag des Bundesministeriums u. a. mit den sektoralen Strukturen, Beschäftigungszahlen und wirtschaftlichen Entwicklungen der ethnischen Ökonomien befasst. Eine weitere, umfangreiche Arbeit ist die von der Beratungsfirma Evers und Jung. Deren Autoren Jung, et al. (2011) haben sich u. a. mit den Pull- und Push-Faktoren der Unternehmensgründungen durch Migranten befasst[13]. Dabei haben sie den Fokus auf das Gründungsgeschehen gelegt, mit einem qualitativen Schwerpunkt bezüglich Beratungsbedarf und Hindernissen bei der Unternehmensgründung bzw. -übernahme. Betrachtet man die Ergebnisse dieser Studie näher, so können folgende Erkenntnisse festgehalten werden:

- Im Vergleich zu den deutschen Gründern ist das Gründungsgeschehen der Migranten nach wie vor mit einer hohen Fluktuation und eingeschränkter Nachhaltigkeit behaftet.
- Hindernisse bei der Gründung werden unterschiedlich stark empfunden (südosteuropäische Gründer empfinden Hindernisse stärker als osteuropäische Gründer). Un-

---

[13] Es ist eine Folgestudie des vom Institut für Mittelstandsforschung veröffentlichten Berichts aus dem Jahr 2005 „Die Bedeutung der ethnischen Ökonomie in Deutschland – Push- und Pull-Faktoren für Unternehmensgründungen auslandstämmiger Mitbürger"

terschiede zu den einheimischen Gründern bestehen insbesondere beim institutionellen Gang (Kommunikation und Support). Interessant ist der Befund, dass Migranten nach wie vor seltener auf externe Finanzierungsmöglichkeiten (Banken, Behörden) zurückgreifen als Einheimische. Dafür greifen Migranten stärker auf familiäre Unterstützung zurück.

- Bei der Branchenverteilung ist zu beobachten, dass sich die ethnischen Ökonomien zunehmend an die einheimischen annähern.

- Die Ergebnisse zeigen auf, dass die Gründer mit Migrationshintergrund zwar zunehmend gut qualifiziert sind, jedoch mit deutlich weniger Startkapital ausgestattet sind als einheimische Gründer.

- Es lässt sich festhalten, dass insbesondere für Gründer, die aus einen Nicht-EU-Staat stammen, die rechtlichen Hürden besonders herausfordernd sind: So ist bspw. die Anerkennung der Bildungsabschlüsse von ausserhalb der EU-Grenzen mit starken Hindernissen verbunden. Gründer mit Migrationshintergrund profitieren viel weniger von den institutionellen Förderprogrammen als ihre deutschen Kollegen. Zusätzlich ist die Finanzierung durch Banken weiterhin schwierig. Hinzu kommen vereinzelte Nennungen über Diskriminierung hinsichtlich Marktbearbeitung.

- Arbeitslosigkeit und Übernahmen sind die häufigsten Selbständigkeitsfaktoren, welche z.T. durch Förderprogramme der Arbeitslosenkassen und demografisch bedingte Unternehmensübergaben verstärkt werden. Bei der Nachfolgeübernahme hiesiger Unternehmen durch Migranten, insbesondere durch Migranten aus Ost- und Südosteuropa, besteht oft ein Ressentiment.

- Migranten sind zunehmend besser auf eine Gründung vorbereitet als Einheimische. So hat jeder zweite Migrantengründer angegeben, vor der Gründung einen Businessplan erstellt zu haben.

- Trotz zunehmender Nutzung von Beratungsangeboten sind den Migranten wichtige Informationen und Hindernisse oft unbekannt. Es besteht nach wie vor eine Unwissenheit bezüglich des professionellen Beratungsangebotes, abgesehen von Unternehmens-, Steuer- und Rechtsberatung. Hingegen ist die Bedeutung des sozialen Umfelds bei dem Gründungsgeschehen sehr hoch.

Eine qualitative Untersuchung von Tolciu, et al., (2010) mit 58 türkischstämmigen Unternehmern in Hamburg zeigt auf, dass 37% dieser Unternehmer über einen tertiären Abschluss verfügen. Trotzdem haben die Resultate aufgezeigt, dass die Migranten nach wie vor in traditionellen Sektoren wie Gastronomie und Retail-Unternehmen gründen. Dies deckt sich auch mit den Aussagen von Leicht, et al., (2006), welche in eine ähnliche Richtung argumentieren. Oft wird der Faktor Mitarbeiterzahl für die volkswirtschaftliche Relevanz von ethnischen Unternehmen angewendet. Beim Blick auf die Grösse zeigt sich, dass die untersuchten Unternehmen in Hamburg vorwiegend klein sind (ca. 90% haben weniger als 10 Mitarbeiter). Weiter hat die Untersuchung aufgezeigt, dass 57% der interviewten Unternehmer Gelegenheitsgründer sind, während 43% vorwiegend aus der Notwendigkeit ein Unternehmen gegründet haben.

Der Autor Tolciu, (2011) hat in einer weiteren Arbeit die obigen 58 ethnischen Unternehmer hinsichtlich des Sozialkapitals untersucht. Aus seinem Bericht *„Migrant entrepreneurs and social capital: a revised perspective"* gehen generell folgende Erkenntnisse hervor: Die ethnischen Unternehmer sind in erster Linie Wirtschaftakteure, die ihr ethnisches Sozialkapital überwiegend als strategische und wirtschaftliche Ressource für die Gründung verstehen. Darüber hinaus zeigt die Studie, dass das ethnische Unternehmertum nur dann verstanden werden kann, wenn bei der Analyse sowohl die externe (kontextuelle) Umwelt als auch die inneren Grenzen (Such- und Kommunikationskosten, verfügbare Informationen), mit welchen diese Unternehmen konfrontiert sind, berücksichtigt werden.

Eine weitere, aktuelle Studie über Ethnic Business in Deutschland ist diejenige des Instituts für Arbeitsmarkt und Berufsforschung, welche sie in Zusammenarbeit mit dem Institut für Wirtschafts- und Kulturgeographie der Leibniz Universität Hannover verfasst hat. Die Autoren Brixy, et al. (2013) haben die Daten des GEM[14] der letzten drei Jahre hinsichtlich Gründungen durch Migranten untersucht und dabei folgende Erkenntnisse gewonnen:

In den letzten dreieinhalb Jahren haben rund fünf Prozent der Migranten in Deutschland ihr eigenes Unternehmen gegründet oder waren gerade dabei, es zu tun. Migranten gründen damit nicht häufiger – aber auch nicht seltener – ein Unternehmen als Einheimische.

Schaut man genauer hin, stellt man fest: Während Migranten beispielsweise aus Süd- und Osteuropa nicht häufiger als Einheimische ein eigenes Unternehmen gründen, haben Zuwanderer aus den westlichen und nördlichen Anrainerstaaten Deutschlands eine deutlich höhere Gründungsneigung.

„Häufiger als Einheimische sehen Migranten in einer selbständigen Tätigkeit eine gute Karriereoption", so die Arbeitsmarktforscher. Die Selbständigkeit könne aber auch ein Weg sein, eine nicht nach deutschen Standards zertifizierte Qualifikation zu nutzen: *„Eine Gründung kann die Chance eröffnen, Fähigkeiten und Kenntnisse einzusetzen, die in Deutschland formal nicht anerkannt werden"*, erklären die Forscher. Daneben würden auch Vorbilder

---

[14] Die Auswertungen für Deutschland basieren auf knapp 15.000 Interviews in den Jahren 2010 bis 2012.

für die Idee einer eigenen Unternehmensgründung eine wichtige Rolle spielen: Migranten haben häufiger Bekannte, die sich erst kürzlich selbständig gemacht haben, so die Forscher.

Weiter geht aus der Studie hervor, dass ein Hochschulabschluss die Wahrscheinlichkeit einer Unternehmensgründung erheblich erhöht. Der Unterschied gegenüber Personen ohne Hochschulabschluss beträgt drei Prozentpunkte. Diese Feststellung gilt gleichermassen für Einheimische wie Migranten, betonen die Forscher. Ebenfalls unabhängig vom Migrationsstatus erweist sich die Tatsache, dass sich Männer häufiger selbständig machen als Frauen – die Differenz beträgt wiederum drei Prozentpunkte. Ferner gründen junge Menschen häufiger ein Unternehmen als ältere Menschen. Während beim mittleren Alter von rund 40 Jahren rund 5 Prozent der Migranten und der Einheimischen in den letzten dreieinhalb Jahren ein eigenes Unternehmen gegründet haben oder gerade dabei sind, es zu tun, sind es bei den 50-Jährigen rund 4,2 Prozent.

Zudem stellten die Forscher fest: Die Gründungen durch Migranten sind nicht weniger innovativ als die durch Einheimische. Auch bei der Exportorientierung lassen sich keine Unterschiede nachweisen.

3.2.2.2 Forschungsstand – Österreich

Die Anzahl ethnischer Unternehmen in Österreich nimmt jährlich zu. So gab es im Jahr 2001 ca. 41'000 selbständige Migranten bzw. Personen mit Migrationshintergrund (Schmid, et al., 2006, p. 117). Mit der jährlichen Zunahme der ethnischen Gründungen stieg auch das Interesse der Forschenden an diesem Feld. Die Ethnic-Business-Forschung in Österreich begann in den 90er-Jahren (Haberfellner, 2011, p. 1). Mittlerweile befassen sich insbesondere die Institute „Zentrum für soziale Innovationen (ZIS)" und „Arbeitsmarktservice Österreich (AMS)" mit diesem Forschungsgebiet. Dabei zählt die vielzitierte Forscherin Heberfellner zu den bekanntesten Autoren in der österreichischen Ethnic-Business-Forschung (Gokce, 2013, p. 24).

Zu den grösseren Ethnic-Business-Forschungsprojekten in Österreich in diesem Kontext dürfte eine Studie aus dem Jahr 2006 zählen. Die Autoren Schmid, et al. (2006) haben in ihrer von der AMS beauftragten Arbeit u. a. folgende Erkenntnisse gewonnen:

- Das Ethnic Business in Österreich ist sehr heterogen. Dabei stammen die dominierenden Unternehmensanteile aus westeuropäischen Ländern (ca. 40%) und osteuropäischen Ländern inkl. der Türkei (ca. 40%).
- Abgesehen vom Primärsektor ist die Branchenverteilung der ethnischen und der einheimischen Selbständigen sehr ähnlich.

- Die meisten Unternehmen sind Klein- und Mittelunternehmen. Rund ein Viertel der Unternehmen sind sogenannte Einpersonenunternehmen.

- Die ethnischen Unternehmen spielen nicht nur hinsichtlich wirtschaftlicher Faktoren eine Rolle, sondern leisten auch einen starken Integrationsbeitrag. Zudem kommen die Gründungen auch den österreichischen Bevölkerung zugute.

- Die Familie leistet während der Vor- und Nachgründungsphase einen herausragenden Beitrag (physische, finanzielle, freiwillige Arbeitsleistung).

- Den befragten Unternehmern sind keine migrantenspezifischen Angebote unter den öffentlich finanzierten Förderprogrammen bekannt.

- Die ethnischen Unternehmen werden durch einen Preiswettbewerb, insbesondere durch intra-ethnische Konkurrenz, stark beeinträchtigt.

Nebst den obigen, eher auf die Strukturanalyse ausgerichteten Arbeiten, befassen sich weitere Studien mit den Gründungsmotiven der Migranten in Österreich (u. a. Haberfellner, et al., 2000; Enzenhofer, et al., 2007). So gaben bspw. laut einer Befragung von 300 in Wien beheimateten ethnischen Unternehmern 8,4% Angst vor Arbeitslosigkeit als Gründungsmotiv an (11,9% der Befragten waren bereits von Arbeitslosigkeit betroffen). 9,1% haben Unzufriedenheit mit den Arbeitsmarktbedingungen und 26,9% Unzufriedenheit mit der Arbeit angegeben (Enzenhofer, et al., 2007). Am meisten genannt wurde jedoch der Unabhängigkeitsgrund (66,4%), welcher neben einem Statusgewinn auch auf eine zuvor unbefriedigende Arbeitsmarktposition zurückzuführen ist (Haberfellner, 2011, p. 3).

Eine weitere aktuelle Studie über ethnisches Unternehmertum in Österreich ist der GEM 2012 Report Österreich. Der Entwicklungsstand des Ethnic Business in Österreich nach Expertenmeinung wird in der folgenden Abbildung sehr gut dargestellt:

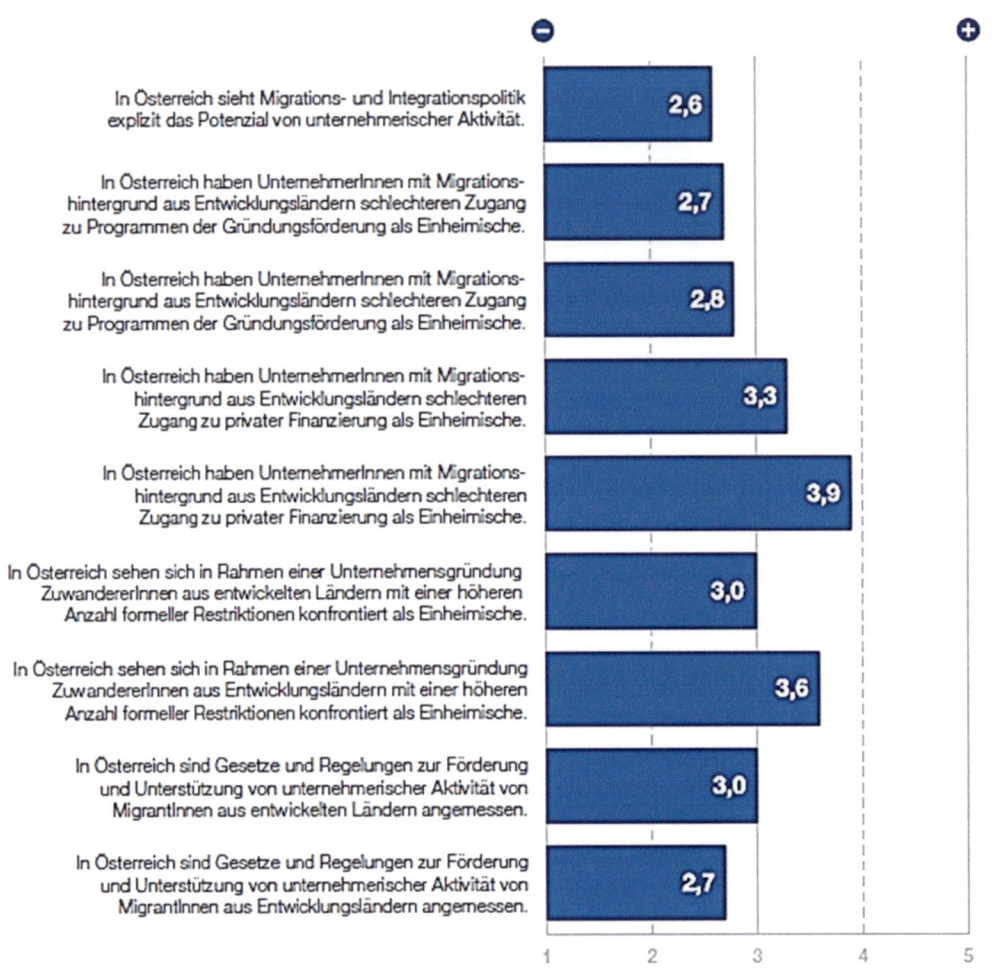

Quelle: Schmalzer, et al., 2013, p. 79

Aus der obigen Grafik wird ersichtlich, dass die Experten sich einig sind, dass die Unternehmer mit Migrationshintergrund einen schlechteren Zugang zu privater Finanzierung haben und stärker mit formellen Restriktionen konfrontiert sind als die einheimischen Gründer. Hingegen lehnen die Experten ab, dass die Migrantengründer schlechteren Zugang zu öffentlichen Förderprogrammen haben als die Einheimischen. Grob zusammengefasst besteht in Österreich bei der Unternehmensgründung ein Nachteil für die Migranten, und dies insbesondere, wenn sie aus Entwicklungsländern stammen (Schmalzer, et al., 2013, p. 79ff).

Aufbauend auf dem zuvor dargelegten Forschungsstand, sollen nun im nächsten Kapitel als weiterer Schritt die weitverbreiteten Forschungsansätze diskutiert werden.

3.2.3 Forschungsansätze im Untersuchungskontext

In diesem Abschnitt sollen zunächst die gängigen Forschungsansätze bzw. Konzepte dargelegt werden, um dann einen für diese Arbeit gültiges Modell abzuleiten. Mittlerweile darf auf einen langjährigen Forschungsstand im Ethnic Business zurückgeblickt werden (siehe Kapitel 3.2.2). Dennoch gibt es grundsätzlich *„in der Entrepreneurship-Forschung noch kein allgemein anerkanntes theoretisches Modell, sondern eine Vielfalt an Zugängen"* (Haberfellner, 2011, p. 2). Die Forschungsansätze wie bspw. Ressourcenmodell, Reaktionsmodell oder Middleman-Minority-Ansatz, die sich seit den 70er-Jahren entwickelt haben, versuchen modellhaft und konzeptionell die Determinanten des Ethnic Business zu erklären. Da die bekanntesten Forschungsansätze in zahlreichen anderen Arbeiten ausführlich beschrieben werden (u. a. Haberfellner, et al., 2000; Enzenhofer, et al., 2007), werden hier zwecks Übersichtlichkeit nur folgende kurz diskutiert: *Middleman-Minority-Ansatz*; *Ressourcenmodell*; *Kulturmodell*; *Nischenmodell*; *Reaktionsmodell*; *Interaktionsmodell*; *Mixed Embeddedness*; *Push/Pull*; *Transnationaler Ansatz*. Anschliessend soll daraus ein für diese Arbeit geeignetes Modell abgeleitet werden.

Middleman-Minority-Ansatz

Der Begriff „Middleman Minority", welcher erstmals von Blalock (1967) aufgegriffen wurde, bezieht sich auf Unternehmer, die eine „Vermittlerrolle" zwischen Einheimischen und meist unterdrückten Minderheiten einnehmen. Die Kunden von solchen Unternehmen sind meistens marginalisierte und segregierte Mitglieder einer Migrantengruppe (Douglas & Saenz, 2008, p. 147). Dieser als Grundlage für die Auseinandersetzung mit den ethnischen Minderheiten dienende Ansatz (Haberfellner, et al., 2000, p. 15) wurde auf theoretischer Ebene erstmals von Bonacich (1973) diskutiert. Die Autorin bietet hierbei einen erklärenden Ansatz über die Situation bzw. Entwicklung der ethnischen Minderheiten in einer dominierenden Mehrheitsgesellschaft. Dabei stellt sie eine ähnliche Mittlerrolle von diversen ethnischen Minderheiten (Juden in Europa, Armenier in der Türkei, Japaner in den USA) in ausgewählten Berufssparten wie bspw. Banken, Restaurants oder Friseurläden fest. Eine wesentliche Feststellung Bonacichs dürfte sein, dass die Mitglieder der jeweiligen Middleman Minorities sich als Gäste fühlen und eigentlich in ihre Heimat zurückkehren möchten (Bonacich, 1973, p. 583ff). Aufgrund dieses Gast-Denkens ist ihr Anreiz hauptsächlich ökonomisch geprägt. Sie beabsichtigen durch die Unternehmensgründungen schnell ihren Vermögensstand zu erweitern. Ihre Integration in die dominierende Gesellschaft wird somit zusätzlich erschwert. Hinzu kommt, dass der Erfolg solcher Unternehmer oft starken Neid bei der einheimischen Bevölkerung hervorruft (Douglas & Saenz, 2008, p. 147).

Mittlerweile ist der Ansatz von Bonacich von vielen Autoren als ungenügend eingestuft worden, denn er weise viele Schwachpunkte auf: Einerseits werden diverse Faktoren wie bspw. die rechtlichen und strukturellen Gegebenheiten eines Landes nicht berücksichtigt. Andererseits hat sich die Welt von der auf damaligen Gegebenheiten basierten „wandernden Händlertätigkeit" abgelöst und weiterentwickelt (Haberfellner, et al., 2000, p. 24). Somit dürfte der heuristische Mehrwert dieses Modells, zumindest für die europäischen Gegebenheiten, marginal sein (Enzenhofer, et al., 2007, p. 5). Mittlerweile gibt es zahlreiche Ansätze, die die Entwicklung des Ethnic Business besser darstellen. Hier wird grob zwischen ressourcenorientierten Ansätzen (bspw. Kultur- und Ressourcenmodell) und opportunitätsorientierten Ansätzen (bspw. Reaktions- oder Nischenmodell) unterschieden. Hinzu kommt das Interaktionsmodell von Waldinger, et al. (1990), welches viele Ansätze vereint (Harney & Ullrich, 2008, p. 11).

Ressourcenmodell

Dieses insbesondere durch Arbeiten von Ivan Light geprägte Modell geht davon aus, dass durch geschickte Aktivierung der Klassen- bzw. ethnischen Ressourcen Unternehmensgelegenheiten entstehen (Krapol-Fischer, 2007, p. 203). Dabei wird unter ethnischen Ressourcen Folgendes verstanden: *„Ethnic resources are sociocultural and demographic features of the whole group that coethnic entrepreneurs actively utilize in business or from which their business passively benefits"* (Light & Rosenstein, 1995, p. 22). So entstehen solidarische und kooperative Strukturen innerhalb ethnischer Gruppen, wie bspw. wechselseitige Kreditvergabe unter Mitgliedern einer Ethnie (Harney & Ullrich, 2008, p. 11f).

Unter Klassenressourcen versteht Light *„That is, any group's resource banks may contain only class resources, only ethnic resources, or both (…), class or bourgeois resources are the normal cultural and material endowment"* (Light & Rosenstein, 1995, p. 22f). Es wird argumentiert, dass die Klassenressourcen zunehmend wichtiger werden, weil die oben angesprochenen ethnischen Ressourcen im Zeitverlauf an Bedeutung verlieren (Krapol-Fischer, 2007, p. 203). So nehmen bspw. die finanziellen und humanen Ressourcen gleichermassen zu (Haberfellner, et al., 2000, p. 23). Hinzu kommt die kulturelle Annäherung der zweiten Generation an die Mehrheitsgesellschaft, welche im Idealfall einen zusätzlichen Gewinn darstellt (Goldberg & Sen, 1997, p. 69).

Kulturmodell

Das Kulturmodell versucht eine Antwort auf die Fragestellung zu finden, warum gewisse ethnische Gruppen tendenziell mehr und erfolgreicher Unternehmen gründen bzw. führen als andere ethnische Gruppen (Schmid, et al., 2006, p. 132). Es wird davon ausgegangen, dass gewisse Ethnien sich aufgrund homogener kultureller Normen und Werte vermehrt mit dem Unternehmensgeschehen befassen als andere (Krapol-Fischer, 2007, p. 201). Doch dieser kulturellen Annahme wurde widersprochen, denn es stellte sich heraus, dass dieselben Ethnien in unterschiedlichen Kontexten unterschiedliche Selbständigkeitsraten aufweisen. Weiter kann dieser rein auf den kulturellen Aspekten basierte Ansatz leicht zu Stigmatisierung verleiten. Daher wird dieser Ansatz stark kritisiert, und ausser in Grossbritannien wurde er in Europa nicht weiter verfolgt (Schmid, et al., 2006, p. 132).

Nischenmodell

Das zu den opportunitätsorientierten Ansätzen gehörende Nischenmodell erklärt die wirtschaftliche Tätigkeit als Reaktion auf die spezifischen Bedürfnisse einer räumlich konzentrierten Gruppe (Enzenhofer, et al., 2007, p. 7). Gemäss diesem Ansatz besteht ein spezifisches Nachfragepotential an Gütern und Dienstleistungen von einer ethnischen Gruppe, welches durch einheimische Anbieter nicht befriedigt wird. Solche Bedürfnisse entstehen vor allem in der Anfangsphase einer Zuwanderung und werden, z.T. aufgrund kultureller Aspekte, nicht durch einheimische Anbieter gedeckt. Damit ergeben sich für die ethnischen Unternehmer Marktnischen, die eine starke sektorale Konzentration aufweisen (Schaland, 2009, p. 4). Diese Konzentration löst sich jedoch mit der Zeit auf, da einerseits die wirtschaftlichen Wachstumsfaktoren begrenzt sind und andererseits die Bedürfnisse der Zugewanderten sich mit der Zeit tendenziell jenen der Einheimischen annähern (Haberfellner, et al., 2000, p. 24). Hinzu kommt, dass in gewissen Situationen die Kundschaft auch aus Einheimischen besteht, da sich mit der zunehmenden Internationalität die Konsumbedürfnisse angleichen (Schaland, 2009, p. 4). Heutzutage sind Nischen nur noch schwer anzutreffen, da Nischenangebote aus den zuvor erwähnten Gründen zunehmend in den allgemeinen Markt integriert werden (Gokce, 2013, p. 29; Schaland, 2009, p. 4f).

Doch auch dieses Modell lässt einige Aspekte unberücksichtigt. So werden bspw. rechtliche oder arbeitsmarktbezogene Rahmenbedingungen im Zielland vernachlässigt. Auch werden kulturelle und individuelle Determinanten der ethnischen Gründer eher wenig diskutiert (Enzenhofer, et al., 2007, p. 5).

Reaktionsmodell

Dieses zu den opportunitätsorientierten Ansätzen gehörende Modell unterscheidet sich von den hier bisher beschriebenen Ansätzen insofern, als dass es die wirtschaftlichen und rechtlichen Rahmenbedingungen des Ziellandes mitberücksichtigt (Enzenhofer, et al., 2007, p. 5). Demzufolge ist die Unternehmensgründung ein aktiver Ausweg aus einer misslichen Lage, welche aufgrund von gesetzlichen und arbeitsmarktbezogenen Barrieren, Einkommensungleichheiten oder sonstigen Diskriminierungen entsteht. Doch die Karrieremöglichkeiten sind hierbei häufig relativ begrenzt und die Selbständigkeit kann zu einer prekären Situation führen (Bukow, 1993, p. 123ff). Dieses Modell beschäftigt sich also mit den Rahmenbedingungen, die den Weg in die Selbständigkeit erschweren, fördern oder in eine bestimmte Richtung lenken (Pütz, 2004, p. 79).

Auch wenn dieser Ansatz eine überzeugende Erklärungslogik vorweist, so ist er nicht komplett, weil er die persönlichen Motive der ethnischen Gründer nicht adäquat berücksichtigt (Krapol-Fischer, 2007, p. 209).

Interaktionsmodell

Das Interaktionsmodell von Waldinger (1990) versucht viele der oben angesprochenen Aspekte zusammenzuführen und das Ethnic Business in einem „ganzheitlichen" Modell zu beschreiben (Haberfellner, et al., 2000, p. 26ff). Dabei ist das Modell in zwei Dimensionen „Opportunity Structures" und „Group Characteristics" aufgeteilt (Schmid, et al., 2006, p. 133), welche vier Aspekte des unternehmerischen Handelns des Ethnic Business einander gegenüberstellen. Zu diesen vier Aspekten zählen die Marktkonditionen, die Zugangsbedingungen zur Unternehmensgründung, die institutionellen Rahmenbedingungen (bspw. Rechts- und Bildungssystem) sowie die Ressourcen, wie etwa finanzielle Möglichkeiten oder Netzwerke (Enzenhofer, et al., 2007, p. 6). Innerhalb dieser zwei Dimensionen und unter Berücksichtigung der vier Aspekte können Migranten Strategien für die Selbständigkeit entwickeln. Weiter erklärt dieser Ansatz, warum einige Ethnien vermehrt Unternehmen gründen, während andere dies eher weniger tun (Haberfellner, et al., 2000, p. 28).

Schmid, et al. (2006) erwähnen, dass die ethnischen Unternehmen sich nur unter Berücksichtigung der ökonomischen und sozialen Rahmenbedingungen nachhaltig entwickeln können. So sei bspw. der Reifegrad einer ethnischen Community[15] oft eine Basis für den Zugang zur unternehmerischen Tätigkeit (Schmid, et al., 2006, p. 133f).

Grob gesagt stellt dieses Modell ein Gleichgewicht (=Interaktion) zwischen bestehenden Möglichkeiten und Ressourcen dar. Doch dieser Ansatz stösst an seine Grenzen, wenn die Möglichkeiten und Ressourcen etwa durch politische und rechtliche Rahmenbedingungen verändert werden. So kann bspw. ein Land durch gezielte Fördermassnahmen den Mehrwert aus ethnischen Unternehmen den einheimischen Gründungsfaktoren angleichen (Enzenhofer, et al., 2007, p. 6).

---

[15] Unter Reifegrad ist hier die Anzahl Jahre einer ethnischen Gruppe im Zielland gemeint.

Mixed Embeddedness

Mixed Embeddedness, als Erweiterung bzw. Ergänzung bisheriger Ansätze (Jung, et al., 2011, p. 20), ist ein theoretischer Analyserahmen von Kloosterman & Rath (2001), mit welchem die Entwicklung und die starke Zunahme migrantischer Ökonomien erklärt werden soll (Price & Chacko, 2009, p. 328ff). So versucht dieser Ansatz den komplexen Zusammenhängen zwischen Einbettung der ethnischen Minderheiten in die Herkunftsgesellschaft und die Aufnahmegesellschaft (politische, institutionelle Umwelt) gerecht zu werden (Leicht & Leiss, 2006, p. 9f). Als unternehmerische Strategien versteht er in soziale Kontexte eingebettete Aktivitäten (Jung, et al., 2011, p. 20), wobei die lokalen Gesetze und Regulierungen im wirtschaftlichen Umfeld einen hohen Einfluss auf Ethnic-Business-Gründungen haben (Gokce, 2013, p. 34). Gemäss Volery (2007, p. 35) basiert er auf folgenden drei Annahmen:

- Die Geschäftsgelegenheiten dürfen nicht durch zu hohe Eintrittsbarrieren oder gesetzliche Regulierungen verhindert werden.
- Die Geschäftsgelegenheit muss aus Sicht des Ethnic Entrepreneurs rentieren.
- Und der Ethnic Entrepreneur muss diese Geschäftsgelegenheit realisieren können.

Eine Hauptschwäche dieses Modells ist, dass es sich noch in einer experimentellen Phase befindet und es ausser in Fallstudien noch keine Anwendung gefunden hat (Volery, 2007, p. 35).

Push/Pull

Zu den bisher hier beschriebenen Ansätzen in diesem Forschungskontext ist in den letzten Jahren vermehrt ein Fokus auf die Gründungsmotive zu beobachten. So haben sich bspw. in Deutschland die von Leicht, et al. (2005) konzipierten Determinanten der Gründungsmotive, welche in Push- und Pullfaktoren unterteilt sind, durchgesetzt (u. a Gokce, 2013, p. 35; Jung, et al., 2011, p. 73). Schmid, et al. (2006, p. 78) sprechen in diesem Kontext von einer „Ökonomie der Not" (=Push-Faktoren) und „Ökonomie der Selbstverwirklichung" (=Pull-Faktoren). Dabei ist die „Ökonomie der Not" eine logische Folge einer prekären Situation, die vorwiegend aus externen Faktoren resultiert. Es handelt sich um Gründer, denen sich weder vertretbare noch realistische Alternativen auf dem Arbeitsmarkt bieten (Clark & Drikwater, 2000, p. 604; Schmid, et al. 2006, p. 78). Hier lässt sich eine Gemeinsamkeit mit dem Reaktionsmodell feststellen, welches die Unternehmensgründung u. a. mit der Reaktion auf Diskriminierung im Arbeitsmarkt begründet (siehe Reaktionsmodell, Kapitel 3.2.3).

Bei der „Ökonomie der Selbstverwirklichung" (=Pull-Faktoren) handelt es sich um intrinsische Beweggründe zur Selbständigkeit. Hier spielen Motive wie bspw. keine Bevormundung durch den Chef, das selbständige Treffen von Entscheidungen, selbständiges und eigenverantwortliches Arbeiten, Verwirklichung eigener Ideen und höhere Einkommenschancen eine entscheidende Rolle (Schmid, et al. 2006, p. 78). Dabei lässt sich eine Gemeinsamkeit zum Kulturmodell (siehe Kapitel 3.2.3) herstellen, wo auch die individuellen Aspekte eine Rolle spielen.

Die Schwächen dieses Ansatzes liegen darin, dass es je nach Studie, Untersuchungsregion, Ethnie und Zielland unterschiedliche Pull- und Pushfaktoren gibt, die nicht so einfach übertragbar sind (Gokce, 2013, p. 36).

Transnationaler Ansatz

Der neue, transnationale Ansatz befasst sich seit den 90er-Jahren mit dem transnationalen ethnischen Unternehmertum (Fürst & Balke, 2013, p. 248f). In bisherigen Forschungsansätzen ging man davon aus, dass die Migration eine einseitige Bewegung ist und die Eingewanderten nur durch sie und nach langer Zeit ökonomischen und sozialen Mehrwert erfahren, was wiederum einen Integrationsprozess voraussetzt (Portes, et al., 1999, p. 228ff). *„Im Gegensatz zur bereits viel diskutierten ‚klassischen' ethnischen Ökonomie zeichnen sich transnationale ethnische Unternehmer durch ihre Integration in grenzübergreifende Produktions- und Vertriebsnetzwerke und Formen transnationaler Lebens- und Geschäftsführung aus. Anstatt eine vollständige Assimilation zu vollziehen, werden bei der transnationalen Migration verschiedene mögliche Eingliederungspfade offengelegt. Bei diesen ist die Beibehaltung von kulturellen Merkmalen des Herkunftslandes möglich, die wiederum Einflüssen des Aufnahmelandes unterliegen und durch die verfolgten transnationalen Beziehungen neu geformt werden"* (Fürst & Balke, 2013, p. 247ff). Die Transnationalität und das damit assoziierte Unternehmertum werden durch neue Kommunikationsmöglichkeiten, schnellere Transportmöglichkeiten sowie weitere technologische Fortschritte beschleunigt (Zhou, 2004, p. 1054).

Zu den Schwächen des transnationalen Ansatzes dürfte folgender Punkt zählen: Er wurde bisher vorwiegend in Fallstudien angewendet und hat einen hohen ethnographischen Einfluss. Zudem ist er relativ neu und somit sind wenig Erfahrungswerte vorhanden (Zhou, 2004, p. 1054ff).

Zwecks Übersichtlichkeit wurden die eben diskutierten Ansätze inkl. deren Charakteristika in der folgenden Tabelle zusammengefasst:

Tabelle 3: Ethnic-Business-Forschungsansätze inkl. Klassifikation

Klassifikation	Ansatz	Charakteristika
O	Middleman-Minority Ansatz	Unternehmensgründung aufgrund einer Vermittlerrolle der ethnischen Unternehmer zwischen den Einheimischen und der ethnischen Minderheit.
R	Ressourcenmodell	Unternehmensgründung aufgrund von klassen- bzw. ethnischen Ressourcen wie bspw. gemeinsame Sprache, Herkunft oder weiteren soziokulturellen Aspekten.
R	Kulturmodell	Es wird angenommen, dass gewisse Ethnien aufgrund ihrer kulturellen Werte aus dem Herkunftsland tendenziell dazu neigen, sich selbständig zu machen.
O	Nischenmodell	Unternehmensgründung aufgrund gruppenspezifischer Bedürfnisse, welche durch einheimische Unternehmen nicht gedeckt werden (können).
O	Reaktionsmodell	Unternehmensgründung als Antwort auf beschränkte soziale Mobilität bzw. Diskriminierung.
O + R	Interaktionsmodell	Unternehmensgründung aufgrund einer Interaktion zwischen sich ergebenden Geschäftsmöglichkeiten in Verbindung mit ethnischen Ressourcen.
O + R	Mixed Embeddedness	Unternehmensgründung aufgrund der Verflechtung der ethnischen Gruppen/Gründer mit den einheimischen Gegebenheiten wie Kultur, Politik und/oder Institutionen.
O	Push/Pull	Unternehmensgründung aufgrund von Push- (Diskriminierung, Arbeitslosigkeit etc.) und/oder Pull-Faktoren (Selbstverwirklichung, Geschäftsmöglichkeiten etc.).
O + R	Transnationaler Ansatz	Unternehmensgründung kann durch Transaktion mit dem Herkunftsland stattfinden, welche im Idealfall beiden Ländern (Herkunfts- und Zielland) nützlich sein kann.

O = Opportunität   R= Ressourcen   O + R = Opportunität & Ressourcen

Quelle: Eigene Darstellung

Nach diesen Ausführungen zu den verschiedenen Ansätzen bzw. Modellen geht es im nächsten Kapitel um eine Retrospektive und um die Entwicklung eines eigenen Modells, welches die Schweizer Gegebenheiten möglichst adäquat erfassen soll.

3.3 Kritische Würdigung und Ableitung Swiss Ethnic-Business-Modell

Analog zur Vielfalt der Begrifflichkeiten (siehe Kapitel 2.4) gibt es in der Ethnic-Business-Forschung auch entsprechend zahlreiche Erklärungen, Ansätze und Modelle. Es ist festzustellen, dass viele der anfänglichen sowie aktuellen Arbeiten und Theorien auf kulturellen und Diskriminierungs-Aspekten aufbauen. Dies überrascht wenig, zumal die Ethnic-Business-Forschung ihren Ursprung in der Soziologie hat (Volery, 2007, p. 32). Weiter ist festzustellen, dass es je nach Land und Ethnie unterschiedliche Forschungsansätze gibt. Dies ist insofern gut, weil jedes Land auch seine eigene Migrationsgeschichte hat. Doch grob zusammengefasst sind alle hier diskutierten, weltweiten und europäischen Forschungen auf strukturellen und ressourcenbezogenen Aspekten aufgebaut. Diese alleine jedoch können der immer dynamischer und globaler werdenden Welt und dem damit einhergehenden Ethnic Business nicht genügen.

Die weiterführenden Diskussionen mit den bekannten Ansätzen haben gezeigt, dass die Erklärungsmodelle zahlreiche Aspekte mitberücksichtigen müssen, um Ethnic-Business-Gründungen zu erklären. Da keiner der diskutierten Ansätze dem genügen kann, ist davon auszugehen, dass viele Forschungsmodelle in diesem Kontext eher pragmatisch als theorie-geleitet sind. So sehen beispielsweise viele der Ansätze das Ethnic Business nicht als einen Erfolg, sondern vielmehr als eine Reaktion, welche entweder aufgrund von Diskriminierungen oder schlechten Ressourcen (Bildung, Sprache, Wissen, Finanzen) entsteht. Unklar bleibt in dem Zusammenhang, warum strukturelle und ressourcenbezogene Barrieren von Migranten unterschiedlich aufgefasst werden und warum bspw. eine prekäre Situation (wie Arbeitsplatzverlust) bei einigen zur Unternehmensgründung führt und bei anderen nicht.

Andere Erklärungsansätze befassen sich eher mit den kulturellen Aspekten und gehen davon aus, dass die unternehmerischen Beweggründe etwa in den kulturellen Aspekten wie bspw. Solidarität und Loyalität in ihrer Gruppe, unternehmerische Adern aus dem Herkunftsland, Risikofreude oder stärkerem Arbeitswillen liegen. Doch auch diese Variablen verändern sich im Zeitverlauf. Einige Studien haben gezeigt, dass die ethnischen Gründer sich mit der Zeit auch auf die einheimische Klientel ausrichten. Weiter sind in solchen Modellen die Assimilationseffekte bzw. der Reifegrad eines Community nicht adäquat berücksichtigt.

Hinzu kommt, dass der Begriff „Kultur" ein breiter Begriff ist und sehr viele Facetten hat. Es ist nicht einfach, eine Kultur zu beschreiben. Und wenn Kultur nicht umfassend bzw. präzise beschrieben werden kann, so müssen die darauf aufbauenden Studien bzw. Schlüsse mit Vorsicht interpretiert werden. Weiter können sich die kulturellen Aspekte aufgrund der Erfahrungen im Zielland im Zeitverlauf verändern. Dies wird bspw. in den hier diskutierten kulturellen Erklärungsansätzen nicht berücksichtigt.

Weiter ist in bisherigen Ausführungen festzustellen, dass die Ethnic-Business-Forschung ein weltweit erforschtes Phänomen ist. Hier stellt sich die Frage, warum nicht auch internationale Studien mit mehreren Beteiligten in diesem Kontext durchgeführt werden. Denn nur auf diese Weise, so ist der Autor dieser Arbeit überzeugt, können adäquate Erkenntnisse gewonnen und Massnahmen getroffen werden.

Wie bereits erwähnt weist jedes Land aufgrund der unterschiedlichen rechtlichen, politischen, historischen oder sonstigen Gegebenheiten auch unterschiedliche Merkmale des Ethnic Business auf. Aufgrund dieser Tatsache und der zuletzt angesprochenen Mängel in den bestehenden Ansätzen, wird für diese Arbeit aufgrund der bisherigen Diskussionen ein eigenes Modell erstellt und als Swiss Ethnic-Business-Modell (SwissEB-Modell) bezeichnet (siehe unten). Dieses Modell soll helfen, das Ethnic Business in der Schweiz möglichst adäquat zu erfassen.

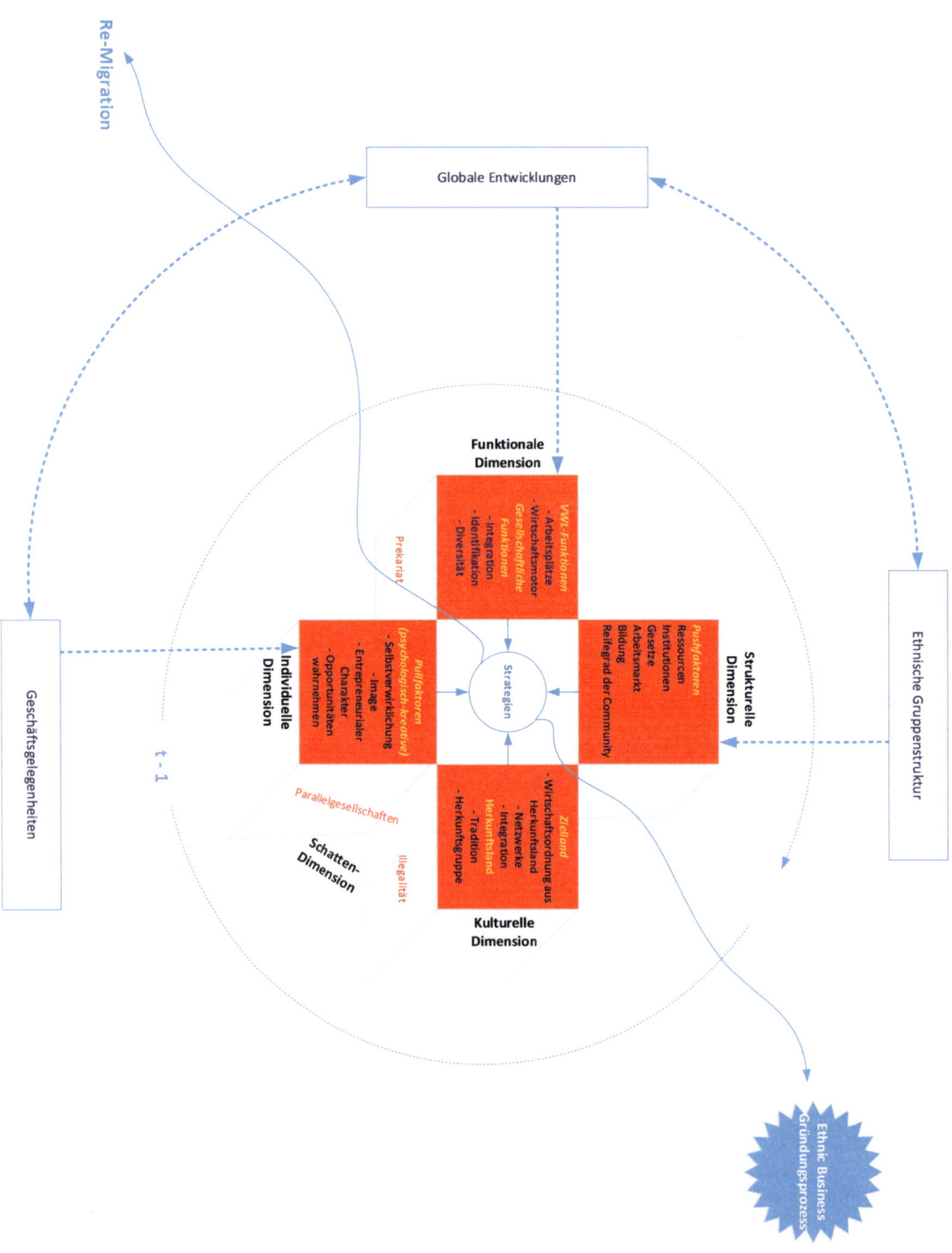

Quelle: Eigene Darstellung

Das oben abgebildete Swiss Ethnic-Business-Modell besteht aus fünf Dimensionen (strukturelle, kulturelle, individuelle, funktionale und Schatten-Dimension): Die strukturelle Dimension befasst sich grob zusammengefasst mit den Pull- und Pushfaktoren des Ethnic Business, wobei hier Überschneidungen mit den individuellen Aspekten bestehen. Diese Pull- und Pushfaktoren können bspw. ressourcenbezogene (Zeit, Geld) oder institutionelle Gründe haben. Auch der Reifegrad einer Ethnie ist ein Teilaspekt dieser Dimension. Die kulturelle Dimension befasst sich mit verschiedenen Determinanten, die ihren Ursprung entweder im Herkunftsland (bspw. Tradition, Herkunftsgruppe) oder Zielland (bspw. Wirtschaftsordnung) haben können. Auch die Kombination bzw. das Zusammentreffen dieser beiden Kulturen und dessen Konsequenzen sind Aspekte dieser Dimension. Die individuelle Dimension befasst sich mit den psychologischen und kreativen Aspekten des Ethnic Business. So können bspw. der Wunsch nach Selbstverwirklichung oder Ansehen (Image) in der Gesellschaft oder aber eine kreative Wahrnehmung von Geschäftsmöglichkeiten eine Rolle für das Ethnic Business spielen. Die funktionale Dimension befasst sich mit den wirtschaftlichen und gesellschaftlichen Faktoren des Ethnic Business. Denn aus dem Ethnic Business ergeben sich nebst Arbeitsplatzgenerierung bspw. auch identifikations- und integrationsfördernde Funktionen. So können die Migranten mit ihren gegründeten Unternehmen einerseits Arbeitsplätze schaffen und andererseits einen Beitrag zum sozialen und gesellschaftlichen Zusammenhalt leisten. Schliesslich befasst sich die Schatten-Dimension mit den negativen Aspekten des Ethnic Business. So kann eine aus der Not gegründete Unternehmung den Inhaber etwa in noch prekärere Zustände führen und evtl. jemanden zu illegalen Praktiken zwingen. Auch besteht die Gefahr, dass Ethnien nur untereinander Geschäfte abwickeln und sich austauschen, was zu einer Parallelgesellschaft führen kann. Dies wird insofern der Fall sein, wenn bestimmte Ethnien zahlreich in einem Raum (siehe auch Enklavenökonomie, Kapitel 2.4.2) konzentriert sind. Obwohl dieser letztgenannte Punkt für die Schweizer Gegebenheiten nicht zu erwarten ist, bleibt er für viele andere Länder eine Gefahr.

Jede dieser Dimensionen fokussiert auf unterschiedliche Determinanten, die in ihrem Zusammenspiel zu ethnischen Strategien führen. Es ist wichtig zu wissen, dass die ethnischen Strategien, sei es die Unternehmensgründung oder Re-Migration, Ergebnisse aus mehreren z. T. unabhängigen und z. T. stark ineinanderfliessenden Variablen während eines Zeitverlaufs sind. Das Modell beinhaltet auch eine dynamische Komponente: Es geht davon aus, dass eine heutige ethnische Strategie (bspw. Unternehmensgründung) zum Zeitpunkt t ein Ergebnis vergangener Einflüsse (bspw. Arbeitslosigkeit, Diskriminierung oder Selbstverwirklichung) $t - 1$ ist.

Weiter besteht dieses Modell aus drei Umweltsphären (Globalentwicklung, Geschäftsgelegenheiten, ethnische Gruppenstruktur), die sich mit den Metabewegungen befassen, welche einen direkten/indirekten Einfluss auf das Ethnic Business haben. Diese Sphären haben starke Interdependenzen. So ergeben sich, grob gesagt, aus den weltweiten Bewegungen bzw. Entwicklungen Geschäftsgelegenheiten, die aufgrund von Gruppenstrukturen unterschiedlich wahrgenommen werden. So ist bspw. seit einiger Zeit eine globale Nachhaltigkeitsentwicklung festzustellen. Aus dieser ergeben sich zahlreiche Geschäftsmöglichkeiten, wie bspw. in der erneuerbaren Energie oder in der nachhaltigen Produktion. Doch diese Gelegenheiten werden unterschiedlich wahrgenommen, weil die Ethnien aufgrund von Religion, Sprache, Bildungsniveau oder sonstigen Variablen unterschiedliche Strukturen aufweisen. Daher können einige Ethnien davon profitieren, andere gar nicht bzw. eher weniger.

Schliesslich entstehen aus den Interdependenzen und Einwirkungen dieses Modells unterschiedliche Strategien. Entweder wird eine Unternehmung gegründet, wobei deren unternehmerische Gründungsprozess hier keine Berücksichtigung findet, weil dieser in zahlreichen Modellen und Studien bereits erläutert wird, und zudem dieser Prozess für alle Gründer derselbe ist. Oder man gibt auf und wandert entweder in ein anderes Land weiter oder kehrt zurück in die Heimat.

Dieses Modell bzw. dessen Teilaspekte werden erstmals im Rahmen dieser Arbeit empirisch angewendet und bei Bedarf angepasst. Doch damit das Modell plausibel genug ist, muss es in unterschiedlichen Studien eingesetzt und überprüft werden. Jedoch ist zu erwähnen, dass es evtl. herausfordernd ist, alle Aspekte des Modells in einer Arbeit anzuwenden. Nichtsdestotrotz ist der Swiss Ethnic-Business-Modell ein dynamisches und ganzheitliches Modell, dessen Variablen jederzeit erweitert bzw. dem eigenen Forschungsdesign angepasst werden können.

Nach diesen Ausführungen geht es im nächsten Kapitel um die Determinanten des Ethnic Business in der Schweiz. Dabei werden die Aspekte des hier entwickelten Modells helfen, strukturiert vorzugehen.

4 Swiss Ethnic Business - Forschungsstand, Rahmenbedingungen, Daten, Fakten

In den folgenden Kapiteln soll zunächst der Forschungsstand des Ethnic Business in der Schweiz wiedergegeben werden. Anschliessend werden Rahmenbedingungen und Fakten des Ethnic Business in der Schweiz diskutiert. Diese Ausführungen orientieren sich an den fünf Dimensionen des zuvor dargelegten SwissEB-Modells (siehe Abbildung 4).

4.1 Forschungsstand in der Schweiz

Wie bereits (siehe Kapitel 1.1-1.2) angesprochen, ist die Ethnic-Business-Forschung in der Schweiz im Vergleich zu Ländern wie Deutschland, Österreich, Kanada oder Grossbritannien noch wenig angegangen worden, was sich auch in der Anzahl Studien niederschlägt. Bisher sind lediglich zwei Forschungsprojekte in diesem Kontext durchgeführt worden.

Im Rahmen der Nationalfondsstudie „NFP51[16]" haben die Autoren Suter et al., (2003-2006) untersucht, inwiefern die selbständige Erwerbstätigkeit von Migranten die Integrations- bzw. Ausschlussprozesse fördert oder behindert. Dabei wurden qualitative und quantitative Forschungsmethoden verknüpft. Die statistische Auswertung hat gezeigt, dass das Muster der „Selbständigkeit" als Weg zur Integration bei den Migranten aus Südeuropa überwiegt. Bei Migranten aus osteuropäischen Ländern überwiegt die „Segregation". Und bei Personen aus Westeuropa sowie den Angehörigen der zweiten Generation dominiert das Muster der „Überschichtung". Die Unterschiede begründen die Autoren mit der Heterogenität der Migrantencommunities in der Schweiz. Zudem erwähnen sie, dass die *Einwanderungsmotive und strukturellen Merkmale der Migranten einen wichtigen Einfluss darauf haben, welches Muster wirksam wird."* Die Autoren erwähnen auch, dass bis anhin institutionelle Hürden den Weg in die Selbständigkeit für Migranten erschweren. Als weiteres Resultat der Untersuchung werden die wichtige Rolle ethnischer Gründungen im Integrationsprozess sowie die Scharnierfunktion (zwischen Etablierten und Aussenseitern) erwähnt. Insgesamt halten die Autoren fest, dass sich in der Schweiz insbesondere jene Migranten selbständig machen, welche im Vergleich zu anderen Migranten über hochwertigere Ressourcen verfügen. Basierend auf diesen Ergebnissen empfehlen die Forscher u. a. besseren Ressourcenzu-

---

[16] Das Nationale Forschungsprogramm NFP51 „Integration und Ausschluss" thematisierte Schlüsselfragen von Staat und Gesellschaft in der Schweiz. Über 100 Forschende in 37 Projekten untersuchten anhand einer konkreten Fragestellung, wie gesellschaftliche, institutionelle, kulturelle und ökonomische Integrations- und Ausschlussmechanismen entstehen und sich durchsetzen (Schweizerischer Nationalfonds, 2007).

gang für die Migranten und die Öffnung der Institutionen gegenüber migrantischen Gründern. Hingegen warnen die Autoren ausdrücklich davor, die Migranten in die Selbständigkeit zu drängen.

Die zweite grosse, etwas ältere Studie aus der Schweiz stammt von den Autoren Piquet & Benson, (2000). Diese haben mittels der Volkszählung von 2000 die Gründe für die Selbständigkeit der Migranten analysiert. Dabei verwendeten die Forscher 3 Hypothesen:

- L'hypothèse de spécificité (Spezifitätshypothese)
- L'hypothèse de convergence (Konvergenzhypothese)
- L'hypothèse de désavantage (Benachteiligungshypothese)

Gemäss der Analyse der Forscher wird tendenziell die Konvergenzhypothese bestätigt. D. h., wenn jemand in der Schweiz geboren wurde oder seit längerem in der Schweiz lebt, gute Qualifikationen (Sprachkenntnisse) und zudem eine Niederlassungsbewilligung hat, ist es tendenziell eher der Fall, dass er sich selbständig macht. Dies deckt sich auch mit den Erkenntnissen der Autoren Brixy, et al. (2013) aus Deutschland (siehe Kapitel 3.2.2.1).

Weitere Arbeiten sind eher Folgeerscheinungen, die auf den Grundlagen der oben erwähnten SNF51 aufbauen: So haben sich Hettlage, et al. (2007) mit den Unterschieden zwischen den Generationen befasst. Die Autoren fanden heraus, dass die erste Generation eher aufgrund von Pushfaktoren und die zweite Generation tendenziell eher aufgrund von Pullfaktoren Unternehmen gründet, weil die Letztgenannten besseren Zugang zu Schweizer Ressourcen (Bildung, Netzwerk, unternehmerischem Know-how, Finanzen, Institutionen) haben. Juhasz, et al. (2007) hingegen haben sich mit den gesellschafts-biografischen Aspekten befasst. Dabei haben die Autoren erfahren, dass die migrantischen Gründer oft mit *„einer gläsernen Decke von Vorurteilen und Diskriminierungen"* konfrontiert sind. Diese Vorurteile würden sich in der Gesellschaft beharrlich halten: *„Ein Türke hat uns erzählt, wie seinem beruflichen Erfolg mit Neid begegnet wurde und ihm kriminelle Machenschaften unterstellt worden sind",* sagt Anne Juhasz, *„wir sollten unbedingt versuchen, solche negativen Klischees abzubauen",* weil die Migranten mit ihren Unternehmen mitunter einen enormen Beitrag zur Integration leisten (Juhazs, 2007, p. 28). Eine weitere Studie, die sich eher mit den genderspezifischen Aspekten befasst, kommt von Handschin (2006), der sich mit der Selbständigkeit von Secondas[17] befasst. Dabei ist, grob gefasst, eine Hartnäckigkeit bei den Secondas festzustellen, um zu sozialer Mobilität zu gelangen. So haben Secondas den nötigen Biss für Unternehmensgründungen, welchen sie einerseits als Proletarierkinder, andererseits kulturell vom Elternhaus mitbringen.

---

[17] Bezeichnung für die in der Schweiz geborenen weiblichen Kinder von Migranten.

Eine weitere, aktuelle Studie über Ethnic Business in der Schweiz ist die des sogenannten „Global Entrepreneurship Monitor 2012 – Report on Switzerland". Die Autoren Baldegger, et al. (2012) haben im Rahmen dieses GEM-Projektes Daten[18] hinsichtlich der Gründungsaktivitäten in der Schweiz erhoben. Dabei haben die Autoren die Unternehmensgründungen durch Migranten gesondert untersucht und folgende Erkenntnisse gewonnen:

- Die unternehmerische Aktivität der ersten Generation ist mit 9,1% leicht höher als die der zweiten Generation mit 8%. Im Vergleich weisen die Einheimischen eine Aktivitätsquote von 5% aus.

- Im Vergleich zu innovationsorientierten Ländern zeigen die Schweizer Migranten[19] eine leicht höhere Gründungsaktivität über dem ungerichteten Durchschnitt (8,7%). Wohingegen die Aktivitäten der Einheimischen unter dem Durchschnitt liegen (5,3%).

- Mit einer Anteilsquote von 34,9% spielen die unternehmerischen Aktivitäten von Migranten im Gesamtbild eine wichtige Rolle. Im Vergleich weisen westeuropäische Länder[20] eine Quote von 26,8% und die USA eine Quote von 27,6% auf.

- 60% der unternehmerischen Migrantenaktivitäten werden aufgrund einer Besserstellung in der Gesellschaft (sozial, ökonomisch) getätigt, wohingegen 31% durch Notwendigkeit begründet sind. Im Vergleich zeigen die Einheimischen 83% als Besserstellungsmotiv und 10% als Notwendigkeit. Ähnliche Unterschiede sind bspw. in Deutschland festzustellen. Hingegen zeigen die skandinavischen Länder einen fast einheitlichen Beweggrund zwischen Migranten und Einheimischen.

- Insgesamt sind die Autoren vom ökonomischen und sozialen Beitrag des Ethnic Business überzeugt und schlagen vor, dass die Politik mit entsprechenden Rahmenbedingungen reagiert.

Nach dieser Ausführung sollen die bisherigen Forschungsarbeiten in der Schweiz zwecks Übersicht in folgender Tabelle kurz zusammengefasst werden:

---

[18] Da die Daten für die Schweiz erstmals 2012 erhoben wurden, sollten diese Ergebnisse mit Vorsicht genossen werden, weil keinerlei Vergleichbarkeit gewährleistet ist und die Daten nicht robust genug sind, um die Ethnic-Business-Aktivitäten zu beurteilen.
[19] Erste und zweite Generation zusammengezählt
[20] Inklusive Israel

Tabelle 4: Swiss Ethnic Business – Forschungsarbeiten

Autor	Jahr	Forschungsrichtung	Haupterkenntnisse
Piguet & Benson	2000	Integrations- und generationsspezifisch	Reifegrad der Community und Qualifikationen spielen eine wichtige Rolle für die Gründung.
Suter, et al	2003-2006	Integrations- bzw. Ausschlussprozesse	Herkunft und Ressourcen-zugriff haben hohen Einfluss auf die Unterneh-mertätigkeit.
Handschin	2006	Genderbezogen	Hartnäckige Zielverfolgung der Secondas, um eine soziale Mobilität, insbeson-dere durch Gründungen, zu erfahren.
Hettlage, et al.	2007	Generationenbezogen	Pushfaktoren bei der ersten Generation, Pullfaktoren bei der zweiten, in Bezug auf die Gründungsmotive.
Juhasz, et al.	2007	Gesellschaftlich, biografisch	Mit Vorurteilen und Diskri-minierungen behaftete ethnische Unternehmer, obwohl sie einen hohen Integrationsbeitrag leisten.
Baldegger, et al.	2012	Motivation und Ländervergleich	Hohe Gründungsmotivation von Migranten, jedoch tendenziell mehr Gründun-gen aus Notwendigkeit als bei Einheimischen bzw. in skandinavischen Ländern.

Quelle: Eigene Darstellung

Nach diesen Beiträgen zur Ethnic-Business-Forschung soll in den folgenden Abschnitten ein Schritt weiter gegangen werden und die Schweizer Gegebenheiten in Bezug auf Ethnic Business sollen hier wiedergegeben werden. Die Wiedergabe orientiert sich an den fünf Dimensionen des SwissEB-Modells (siehe Abbildung 4).

4.2 Funktionelle Dimension

Immer mehr Menschen wandern in die Schweiz ein. Die Anzahl der Menschen mit Migrationshintergrund nimmt ständig zu. Gemäss BFS (2013) wächst die Schweizer Bevölkerung hauptsächlich durch Einbürgerungen. Der Anteil der Menschen ohne Schweizer Bürgerschaft lag per Ende 2012 bei 1,85 Mio., ca. 23% der Gesamtbevölkerung (Bundesamt für Migration, 2012, S. 7). Wenn auch eine solche Bevölkerungszunahme mit gewissen Herausforderungen (Überfremdungsangst, Identitätsverlust) behaftet ist, so ist sie für die Schweizer Gesellschaft und Wirtschaft doch nach wie vor ein wichtiger Wohlstandsfaktor (Sariaslan, 2011, p. 2).

So sorgten bspw. Unternehmen, die durch Migranten in der Schweiz gegründet wurden, weltweit für Furore: Nestlé, ABB, Swatch, Wander (Ovomaltine), um nur einige zu nennen, sind Schweizer Unternehmen, die durch Migranten gegründet wurden. Auch die industrielle und akademische Entwicklung der Schweiz wurden massgeblich durch Migranten geprägt (FIMM, 2011, p. 7).

Auch heute profitiert die Schweizer Volkswirtschaft stark von den ethnischen Unternehmensaktivitäten. So nimmt der Anteil der selbständig tätigen Personen mit Migrationshintergrund stetig zu. Im Jahr 2000 waren ca. 526'000 Einheimische selbständig erwerbend. Heute (2013) sind es ca. 500'000. Im gleichen Zeitraum stieg der Anteil der selbständig erwerbenden Migranten von 76'000 (2000) auf ca. 93'000 Personen. Setzt man diese Zahlen in Relation[21] zu den total Erwerbstätigen der jeweiligen Gruppen, so stellt man fest, dass die Selbständigkeit von Einheimischen von ca. 17% (2000) auf ca. 14,6% zurückgegangen ist, während die der Migranten von 9,7% (2000) auf ca. 8,5% zurückgegangen ist (BFS, 2014)[22].

In der Schweiz fehlen aktuelle Angaben zur Anzahl ethnischer Unternehmen, die bspw. eine Aufteilung nach Ethnie zulassen würden[23]. Ein Hinweis kommt von der OECD, die in einem ihrer Berichte (2009) von ca. 86'000 Ethnic Businesses, die zusammen rund 275'000 Personen beschäftigen, spricht (Desiderio & Salt, 2010, p. 3). Ein weiterer Hinweis kommt aus der Volkszählung 2010. Die Autoren Hettlage, et al. (2007, p. 23) haben die Zahlen der Volkszählung hinsichtlich einiger ausgewählter Nationalitäten analysiert: Italiener und Deutsche gründen vergleichsweise öfter als bspw. Personen aus Portugal, Spanien, der

---

[21] Für die Relation wurden zu den selbständig Erwerbenden auch mitarbeitende Familienangehörige, Arbeitnehmende sowie Lehrlinge gezählt.

[22] In dieser Statistik definiert das BFS die Selbständigkeit als *„Arbeitnehmende in eigener Firma zählen als Selbständige"* und als Migranten zählen Niedergelassene, Aufenthalter, Kurzaufenthalter (mind. 12 Monate in der Schweiz) (BFS, 2014).

[23] *„Leider haben wir keine Daten über Unternehmen und Generation."* E-Mail-Verkehr mit BFS vom 05.03.2014.

Türkei oder Sri Lanka (siehe Tabelle 5). Dieser Unterschied könnte damit zusammenhängen, dass die Personen aus westlichen Ländern mit hochwertigeren Ressourcen (Bildung, Sprache, Finanzen) ausgestattet sind als die Personen aus weniger privilegierten Ländern, wie bspw. aus dem Balkan oder aus Südosteuropa (Hettlage, et al., 2007, p. 23).

Tabelle 5: Selbständig Erwerbstätige in der Schweiz - Anzahl und Anteile ausgewählter Herkunftsgruppen

Herkunftsland	Anzahl Selbständiger	Anteil an Total ausländischer Selbständiger	Ausländeranteil des Herkunftslandes an Gesamtbevölkerung
Schweiz	437'043	-	-
Italien	17'893	27,0%	21,4%
Ex-Jugoslawien	7'327	11,1%	13,8%
Deutschland	7'323	11,1%	7,8%
Portugal	3'436	5,2%	9,7%
Türkei	3'562	5,4%	5,4%
Spanien	3'100	4,7%	5,6%
Sri Lanka	1'493	2,3%	2,2%

Quelle: Volkszählung 2000 in „Die Volkswirtschaft", 2007, p. 23

Nebst diesen ökonomischen Beiträgen bringen die ethnischen Unternehmen weiteren Nutzen mit sich. Sie bringen mit ihren Läden und Lokalen neues Leben in die Quartiere und sind Austauschpunkte für Informationen im Quartier, wo sich die Gesellschaft trifft (Gerber, 2005, p. 75). Dem fügt der Integrationsfachmann Christof Meier den wertvollen Integrationsbeitrag, welcher aus dem Ethnic Business hervorgeht, bei. Weiter erwähnt der Fachmann, dass solche Unternehmen *„Anlauf- und Informationsstellen sind für Leute, die neu ankommen. Hier erfahren sie, wie die Schweiz funktioniert, was gilt und was nicht. Das funktioniert oft besser als über eine staatliche Beratungsstelle"* (Sabani, 2011). Die ethnischen Unternehmen fördern zudem die kulturelle Diversität, welcher eine innovationsfördernde Wirkung beigemessen wird. Dieser positive Zusammenhang zwischen kultureller Vielfalt und ökonomischem Wachstum ist zweifach begründet. Erstens können Unterschiede in Sichtweise und Know-how neue Bedürfnisse auslösen und sich gegenseitig ergänzen. Zweitens erweitert die kulturelle Vielfalt eine kooperative Ideenfindung, welche sich positiv auf den Innovationsprozess auswirkt. Hinzu kommt, dass insbesondere Städte damit ihre Internationalität und Offenheit zutage legen, was hervorragende Aspekte darstellt, um bspw. gut qualifizierte Personen aus dem Ausland anzulocken (Damelang & Stiler, 2010, p. 7ff).

4.3 Strukturelle Dimension

Wie im Kapitel 3.2.3 erwähnt, gibt es für das Ethnic Business zahlreiche Pull- und Pushfaktoren. Da es bei den Pullfaktoren zu einer Überschneidung mit der individuellen Dimension kommt, werden in diesem Kapitel vorwiegend die Pushfaktoren analysiert. So gesehen ist eine unternehmerische Tätigkeit für alle Beteiligten stets mit Chancen und Risiken verbunden. Jedoch sind die ethnischen Gründer mit zusätzlichen strukturellen Risiken konfrontiert, welche rechtlicher und sozialer Natur sind (Meier, 2008, p. 30).

Bei der Zulassung ausländischer Arbeitskräfte gibt es in der Schweiz ein sogenanntes Dualsystem: So können Arbeitnehmer aus EU/EFTA-Staaten[24] vom Personen-Freizügigkeitsabkommen (FZA) profitieren. Aus allen anderen, sogenannten Drittstaaten (Nicht-EU/EFTA-Raum), wie beispielsweise der Türkei oder Albanien, werden jedoch in beschränktem Ausmass lediglich gut Qualifizierte zugelassen. Während allen Bürgern aus dem EU/EFTA-Raum grundsätzlich das Recht zusteht, frei in der Schweiz zu leben und zu arbeiten sowie ein Unternehmen zu gründen, sind Personen aus den Drittstaaten mit gewissen Barrieren konfrontiert. Wollen sich diese selbständig machen, müssen sie den in der Schweiz herrschenden arbeitsmarktbezogenen Anforderungen (AUG-Richtlinien) genügen. Diese rechtlichen Bestimmungen sind im Bundesgesetz über die Ausländerinnen und Ausländer (AuG), der Verordnung über Zulassung, Aufenthalt und Erwerbstätigkeit (VZAE) sowie in den Weisungen zum AuG und der VZAE geregelt (KMU Portal, 2014b).

Gemäss AuG haben nur Migranten mit einem C-Ausweis[25] oder Eingebürgerte Anspruch auf eine selbständige Tätigkeit. Alle anderen haben keinen rechtlichen Anspruch, können jedoch ein Gesuch bei der zuständigen kantonalen Behörde einreichen. Entscheidend ist dabei, dass die Gesuchsteller eine *„nachhaltig positive Auswirkung auf die schweizerische Wirtschaft"*, welche von ihrer Selbständigkeit ausgeht, glaubhaft nachweisen können. Ein gut ausgearbeiteter Businessplan erhöht dabei die Chancen, dass das Gesuch von der zuständigen kantonalen Behörde anerkannt wird. Wird das Gesuch anerkannt, erhält der Unternehmer eine Kurzaufenthaltsbewilligung für Drittstaatangehörige (Ausweis L). Diese ist – vorausgesetzt, es bestehen noch freie Kapazitäten beim Kontingent für Jahres- und Kurzaufenthalter (BVO-Kontingent) – in der Regel auf ein Jahr beschränkt und kann ausnahmsweise maximal 12 Monate verlängert werden. Für eine weitere, über diesen Zeitraum

---

[24] Die EU/EFTA-Staaten sind auf der Homepage des Bundesamts für Migration abrufbar.
[25] In der Schweiz existieren verschiedene Ausländerklassen mit entsprechender Bewilligung. C-Ausweis = Niederlassungsausweis; B-Ausweis = Aufenthaltsbewilligung; L-Ausweis = Kurzaufenthaltsbewilligung; F-Ausweis = Vorläufig aufgenommene Ausländer; S-Ausweis = Schutzbedürftige; G-Ausweis= Grenzgängerbewilligung; N-Ausweis = Asylsuchendenbewilligung (Migrationsamt Zürich, 2014).

hinauslaufende Geschäftstätigkeit muss erneut eine arbeitsmarktliche Prüfung bestanden werden. Jedoch besteht dabei kein Rechtsanspruch (AuG, 2005; KMU Portal, 2014b). Je nach Rechtsform bestehen zudem weitere Hürden, welche aus folgender Tabelle hervorgehen:

Tabelle 6: Voraussetzungen zur Firmengründung

Firmenart	Voraussetzungen
Einzelfirma	*„Die Einzelfirma ist alleiniges Eigentum des Firmeninhabers. Entsprechend gelten die arbeitsmarktlichen Vorschriften zur Person. Grundsätzlich muss für das Arbeiten in der Schweiz eine Aufenthalts- und Arbeitsbewilligung vorliegen."*
GmbH	*„Die Gesellschaft mit beschränkter Haftung (GmbH) als juristische Person muss mindestens durch 1 Person vertreten werden können, die Wohnsitz in der Schweiz hat. Dies kann der Geschäftsführer oder ein Direktor sein. Entsprechend muss diese Person eine für die Schweiz gültige Aufenthalts- und Arbeitsbewilligung besitzen."*
AG	*„Bei der Aktiengesellschaft als juristischer Person muss mindestens 1 zur Vertretung der AG befugte Person ihren Wohnsitz in der Schweiz haben. Entsprechend muss diese Person eine für die Schweiz gültige Aufenthalts- und Arbeitsbewilligung besitzen."*
Co. KG	*„Die Kollektiv- und Kommanditgesellschaft werden als Personengesellschaften zur Hauptsache als kleinere, stark personenbezogene Unternehmensform gewählt. Bei der Kommanditgesellschaft ist der Einbezug externer, nicht aktiv an der Geschäftsführung beteiligter Investoren möglich. Entsprechend gelten für die natürlichen Personen die arbeitsmarktlichen Vorschriften zur Person mit gültiger Aufenthalts- und Arbeitsbewilligung."*

Quelle: KMU Portal, 2014b

Weiter stellen Barrieren bei der Anerkennung der ausländischen Abschlüsse einen hindernden Effekt für die Ethnic-Business-Gründung dar. So bspw. in Tätigkeitsfeldern mit geregeltem Zugang wie der Medizin. *„Wenn ausländische Bildungszertifikate nicht anerkannt* *werden, so ist auch eine selbständige Erwerbstätigkeit in diesen Bereichen nicht möglich"* (Meier, 2008, p. 32).

Gemäss einer aktuellen Erhebung der schweizerischen Arbeitskräfteerhebung (SAKE)[26] üben 12,7% der Arbeitnehmer in der Schweiz einen Beruf aus, für den sie überqualifiziert sind. Dabei beträgt der Anteil der Einheimischen 9,6%, bei den Migranten erster Generation liegt er bei 17,3% und bei den Migranten zweiter Generation liegt er bei 11,9%. Schaut man tiefer in die Studie, so stellt man fest, dass Migranten aus EU/EFTA-Staaten eine ähnliche Überqualifizie- rungsquote (14%) aufweisen, während diese bei Migranten aus Drittstaaten noch weit höher liegt (41,8%). Auf der sektoralen Verteilung ist die grösste Differenz bei Überqualifizierungsquoten nach Migrationsstatus im sekundären Sektor feststellbar: Der Anteil überqualifizierter Migranten ist doppelt so hoch wie jener der Einheimischen (23,6% gegenüber 11,2%). Im tertiären Sektor ist der Anteil überqualifizierter Personen ebenfalls bei der Migrantenbevölkerung grösser (15,3% gegenüber 9,4% bei den Einheimischen) (SAKE, 2012).

Prüft man die obige Erhebung der SAKE hinsichtlich *„Quote der Selbstständigerwerbenden mit Angestellten"*, stellt man fest: Die Quote der einheimischen Selbständigen ist mit 7,6% deutlich höher als die der Migranten: 4,1% bei Migranten erster Generation, 4,5% bei der zweiten Generation (siehe Abbildung 5). Schaut man tiefer in die Erhebung, stellt man Folgendes fest:

- Im Vergleich ist die Quote der einheimischen Selbständigen doppelt so hoch wie die der Migranten (10,8% gegenüber 5,6%). Bei den Frauen fällt der Unterschied nicht so hoch aus (3,8% einheimische Selbständige gegenüber 2,5% erste bzw. 2,9% zweite Generation).

- Die Quote der Selbständigerwerbenden mit Angestellten steigt mit zunehmendem Alter und zwar unabhängig vom Migrationsstatus: Bei den Personen ohne Migrationshinter- grund beläuft sich die Quote bei den 25- bis 39-Jährigen auf 5,3% und bei den Perso- nen ab 65 Jahren auf 16,4%. Bei den Personen mit Migrationshintergrund der ersten Generation liegt die Quote in denselben Altersklassen bei 2% bzw. 20,3%.

- Unabhängig vom Migrationsstatus nimmt mit zunehmendem Bildungsstand auch die Quote der Selbständigerwerbenden zu. Die Quote der Selbständigerwerbenden mit Tertiärabschluss ist bei den Einheimischen mehr als doppelt so hoch wie jene bei den Migranten der ersten Generation (11,1% gegenüber 5,2%). Betrachtet man die Migran-

---

[26] Die Erhebung „Arbeitsmarkt - Übereinstimmung Bildungsniveau und ausgeübte Tätigkeit" ist nach Migrationsstatus, 2. Quartal 2012, erstellt. Dabei handelt es sich um einen von der EU empfohlenen Indikator, der Aufschluss gibt über die Divergenzen zwischen dem Bildungsniveau und dem für die Arbeitsstelle verlangten Anforderungsniveau. Er zeigt, wie eine im Herkunfts- oder Aufnahmeland abgeschlossene Ausbildung auf dem schweizerischen Arbeitsmarkt anerkannt und verwertet wird.

ten weiter auf der Tertiärstufe, so ist zu beobachten, dass die Personen der zweiten oder späteren Generation eine tendenziell höhere Quote aufweisen als jene der ersten Generation (8,6% gegenüber 5,2%).

Abbildung 5: Quote der Selbständigerwerbenden mit Angestellten nach Migrationsstatus, 2. Quartal 2012

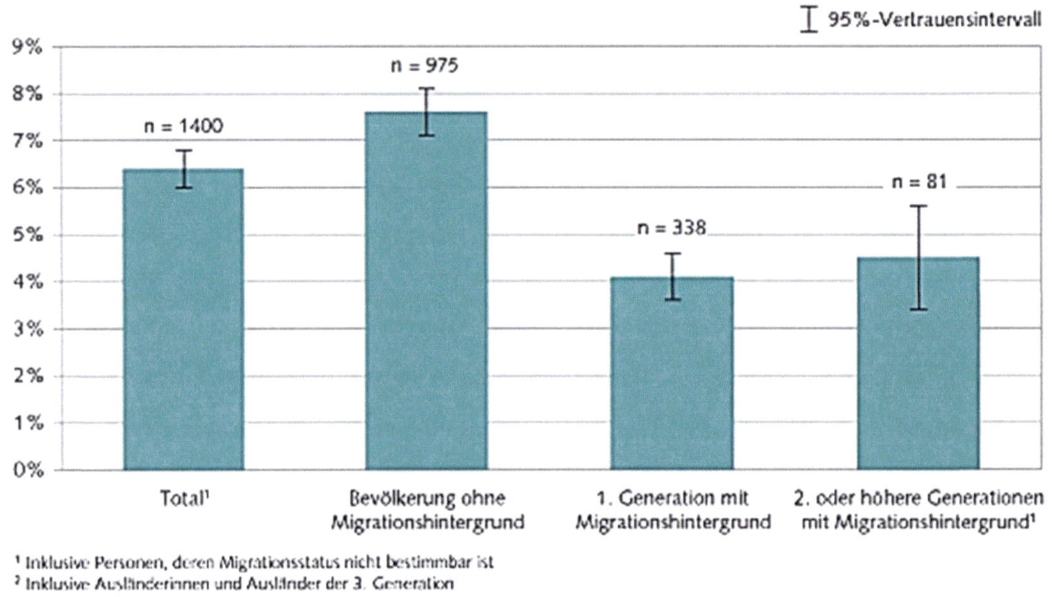

Quelle: Schweizerische Arbeitskräfteerhebung / BFS

Diese grossen Unterschiede der Selbständigenquote zwischen Einheimischen und Migranten könnten gemäss Piquet (1999), wie bereits erwähnt (siehe Kapitel 1.1), einen Zusammenhang mit den strikten Arbeitsmarktregeln haben. Zu den Unterschieden zwischen den Generationen erwähnen die Autoren Hettlage, et al., (2007, p. 24), dass die erste Generation als Reaktion auf die Diskriminierung auf dem Arbeitsmarkt, sowie der blockierten Mobilität und der fehlenden sozialen oder formellen Anerkennung Unternehmen gründet. Mit der Selbständigkeit hoffen sie, mehr gesellschaftliche Anerkennung sowie Autonomie zu erlangen. Die Autonomie und der Wunsch nach gesellschaftlicher Anerkennung spielen auch bei der zweiten Generation eine Rolle, wobei auch diese mit Stigmatisierungs- und Ausschlusserfahrungen konfrontiert sind.

Auch auf der finanziellen Seite präsentieren sich Barrieren für die ethnischen Gründungen. *„Personen mit ausländischer Staatsbürgerschaft werden von den Banken tendenziell als weniger kreditwürdig angesehen als schweizerische Antragssteller"* (Meier, 2008, p. 30). Dies deckt sich auch mit den aktuellen Expertenmeinungen im Rahmen der GEM-Befragung.

Darin schneidet die Schweiz hinsichtlich des Zugangs von Migranten zu Gründungsfinanzierung mit 3.1 Punkten ab. Somit schneidet die Schweiz im europäischen Durchschnitt deutlich schlechter ab. Im Vergleich weist Österreich einen Wert von 3.2 und Finnland 3.3 auf (Schmalzer, et al., 2013, p. 80f).

Zudem sind die Wege zu öffentlichen Fördermitteln für Migranten sehr steinig. Oft ist der Zugang zu solchen Förderprogrammen komplex, oder die Migranten sind nicht oder schlecht über solche Möglichkeiten informiert (Floeting, et al., 2005). Aufgrund des fehlenden Gründungskapitals konzentrieren sich Migranten auf Branchen mit geringen Einstiegskosten und besorgen sich die relativ tiefen Einstiegskosten durch Kredite von Bekannten und Familienangehörigen (Suter, et al., 2003-2006). Diese formellen und gesetzlichen Schwierigkeiten werden in der aktuellen GEM-Expertenbefragung bestätigt. So liegt die Schweiz bei den gesetzlichen und regulatorischen Hürden bei der Existenzgründung durch Migranten mit 2.9 Punkten deutlich über dem europäischen Mittel. In Bezug auf Formalitäten bei der Existenzgründung liegt die Schweiz gemäss Expertenmeinung mit 3.1 Punkten im europäischen Durchschnitt[27] (Schmalzer, et al., 2013, p. 80f).

Für das Ethnic Business spielt weiter der Reifegrad einer Community eine Rolle. Es ist eine Tatsache, dass bspw. für die C-Bewilligung – welche für Drittstaatsangehörige oft der Schlüssel in die Selbständigkeit darstellt – ein Aufenthalt von mindestens 10 Jahren in der Schweiz erforderlich ist (BFM, 2011). Diese und weitere Aspekte, welche erst durch den Reifegrad erfahren werden, erhöhen die Chance auf eine Selbständigkeit. Zu dem Schluss kommt auch ein Bericht der OECD (Desiderio & Salt, 2010, p. 2ff).

4.4 Kulturelle Dimension

Die Schweiz bietet eine grosse kulturelle Vielfalt auf einem kleinen Lebensraum. Allein die Tatsache, dass in der Schweiz vier offizielle Landessprachen existieren, macht diese Vielfalt deutlich. Zu dieser Diversität tragen ausländische Mitbürger mit ihrem kulturellen Hintergrund zusätzlich bei. Wie auch in Kapitel 4.2 erwähnt, lebten im Jahr 2012 in der Schweiz rund 1,9 Mio. Personen ausländischer Staatsangehörigkeit (23,3% der ständigen Wohnbevölkerung). Rund zwei Drittel (63,7%) von ihnen stammen aus einem EU27/EFTA-Mitgliedstaat. Im Vergleich zum Vorjahr verzeichnete die ständige ausländische Wohnbevölkerung einen Zuwachs von +53'975 Personen (3%) (siehe für die dargelegten Zahlen auch die Abbildung 6). Rund ein Fünftel aller Ausländerinnen und Ausländer der ständigen Wohnbevölkerung

---

[27] Je höher man über dem Durchschnitt liegt, desto schlechter ist dies zu werten.

(20%) wurde in der Schweiz geboren; von den im Ausland Geborenen halten sich 45,6% seit mindestens 10 Jahren in der Schweiz auf (BFS, 2013, p. 2ff).

Abbildung 6: Ständige ausländische Wohnbevölkerung nach Staatsangehörigkeit, 1980-2012

Staatsangehörigkeit	1980	1990	2000	2012
Alle Staaten[1]	**913 497**	**1 127 109**	**1 424 370**	**1 869 969**
Deutschland	87 389	84 485	109 785	284 172
Frankreich	48 002	51 729	61 688	104 022
Italien	423 008	381 493	321 795	291 822
Österreich	31 986	29 123	29 191	38 761
Spanien	98 098	116 987	84 266	69 437
Portugal	10 863	86 035	135 449	237 945
Serbien und Montenegro	...	...	190 940	...
Serbien	...	...	...	98 672
Montenegro	...	...	...	2 115
Kosovo	...	...	...	79 261
Kroatien	...	...	43 876	31 487
Bosnien und Herzegowina	...	...	45 111	33 574
Mazedonien	...	...	56 092	61 668
Ex-Jugoslawien	44 094	141 397	5 507	...
Türkei	38 353	64 899	80 165	70 845
Europa	859 054	1 036 760	1 261 975	1 591 747
Afrika	10 539	20 291	37 618	78 156
Amerika	20 838	29 149	49 687	77 736
Asien, Ozeanien	22 829	40 649	74 831	121 279

Quelle: BFS, 2013, p. 5

Diese oben angesprochene ethnische und kulturelle Vielfalt in der Schweiz bringt nicht nur strukturelle, sondern auch kulturelle Aspekte hervor, die für das Ethnic Business eine wichtige Rolle spielen. So sind bspw. die Wirtschaftsordnung aus dem Herkunftsland oder Netzwerke, die Ethnien in der Schweiz vorfinden bzw. aufbauen, sowie Tradition und Herkunftsethnie wichtige Variablen, die einen Einfluss auf die Gründungtätigkeit von Migranten haben. Wie bereits angesprochen, tendieren gewisse Ethnien aufgrund ihrer „mitgebrachten", kulturellen Normen und Werte stärker dazu, unternehmerisch tätig zu sein (Krapol-Fischer, 2007, p. 201). Doch im Zeitverlauf verliert dieser Effekt an Bedeutung. Auch soziale Netzwerke innerhalb einer ethnischen Gruppe können unterstützende oder verhindernde Effekte auf das Ethnic Business haben, wobei diese Effekte mit einem zunehmenden Reifegrad einer Ethnie verstärkt bzw. abgeschwächt werden (Meier, 2008, p. 27). Nichtsdestotrotz verfügen die ethnischen Unternehmer, im Vergleich zu den Einheimischen, über bestimmte kulturelle Ressourcen wie Transkulturalität, familiäre und verwandtschaftliche

Solidarität sowie Netzwerke innerhalb und zwischen den Ethnien, die eine wichtige Rolle bei der Selbständigkeit spielen können (Schuleri-Hartje & Floeting, 2004).

Je nach Ethnie können Produkte und Dienstleistungen kulturell beeinflusst sein. Dies könnte ein Ursprung für eine Existenzgründung sein, sofern flexibel auf ethnisch-kulturell bedingte Bedürfnisse reagiert wird (Meier, 2008, p. 27). Allerdings zeigen die Untersuchungen, dass die kulturellen Aspekte allein für die Selbständigkeit eines Migranten nicht entscheidend sind. Juden und Türken, welche sich aufgrund kultureller Tradition häufiger selbständig machen, bilden hier eine Ausnahme. Hingegen machen sich bspw. Portugiesen seltener selbständig (Piquet & Besson, 2000, p. 131).

Weiter können die ethnischen Gründer auf transnationale Netzwerke zurückgreifen, welche den Einheimischen oft nicht zur Verfügung stehen und können damit wichtige wirtschaftliche Vorteile erreichen. Dieser Vorteil wird jedoch in der Schweiz tendenziell weniger in Anspruch genommen (Hettlage, 2009, p. 44). Dies könnte darin begründet sein, dass die Selbständigkeit von Migranten stark durch Einwanderungs- und Arbeitsmarktpolitik bestimmt wird. Daher kann der Nutzen aus den transnationalen Netzwerken nur dann verstanden werden, wenn die nationalstaatlichen Gegebenheiten mitberücksichtigt werden (Kivisto, 2001; Hettlage, 2009, p. 44).

4.5 Individuelle Dimension

Wie im Modell abgebildet, sind die Beweggründe der individuellen Dimension des Ethnic Business auf Pullfaktoren zurückzuführen (siehe Abbildung 4). Diese Beweggründe haben ihren Ursprung in der Persönlichkeit sowie ihrer Umgebung (Gokce, 2013, p. 79). Wobei die individuelle Variable ein matchentscheidender Faktor ist, ob sich jemand selbständig macht oder nicht. Dies wiederum wird stark von der ethnischen Herkunft und vom Land, in welchem jemand sozialisiert wurde, beeinflusst (Desiderio & Salt, 2010, p. 2). Gemäss dem Swiss Ethnic-Business-Modell (siehe

Abbildung 4) können die Pullfaktoren entweder psychologischen oder kreativen Charakters sein. Während die psychologischen Aspekte eher ein Ergebnis aus bestimmten Barrieren (bspw. nicht anerkannte Diplome, Aufstiegshemmnisse) oder Verwirklichung beruflicher Ziele sein könnten, sind die kreativen Aspekte in die Wahrnehmung der Opportunitäten bwz. Realisierung der schöpferischen Ideen zu begründen (Meier, 2008, p. 15ff).

Wie in Kapitel 4.3 erwähnt, üben die Migranten öfter eine Tätigkeit aus, für die sie überqualifiziert sind, weil sie keine beruflichen Alternativen haben. Im Zeitverlauf können Migranten diesem Mangel durch Selbständigkeit ausweichen, um persönliche Ziele zu verwirklichen und soziale Moblität zu erfahren (Meier, 2008, p. 22). *„Es ist auch eine Sache des Selbstwertgefühls, gerade bei Hochqualifizierten: Anstatt irgendeine ihnen untergeordnet erscheinende Arbeit zu tun, machen sie sich lieber selbständig. Häufig ist Autonomie eines der Ziele, das die Migranten mit ihrer Selbständigkeit anstreben. Dadurch verwirklichen sie sich selbst und erwirken gesellschaftliche Anerkennung"* (Sabani, 2011).

Die Migranten sind oft auch mit einer Diskriminierung auf dem Arbeitsmarkt konfrontiert. Dies bestätigen auch die Untersuchungen der SAKE: Im 2. Quartal 2012 ergibt die Arbeitslosenquote gemäss ILO (Internationales Arbeitsamt) in der Schweiz 3,7%. Die Quote der Einheimischen ist 2,8-mal tiefer als die der Bevölkerung mit Migrationshintergrund (2,3% gegenüber 6,2%). Bei den Personen der ersten Generation liegt die Quote bei 6,6%, bei den Personen höherer Generationen bei 4,9% (SAKE, 2012). Der Ausweg aus dieser Diskriminierung könnte ein weiteres persönliches Motiv für den Schritt in die Selbständigkeit durch einen Migranten sein (Hettlage, et al., 2007, p. 24).

Insgesamt darf davon ausgegangen werden, dass die migrantischen Gründer risikobereiter sind, was eine Grundvoraussetzung für die Selbständigkeit darstellt. Denn jede Selbständigkeit ist auch mit einem gewissen Risiko behaftet, welches von Migranten eher eingegangen wird als von Einheimischen. Diese Risikobereitschaft ist mitunter in der Persönlichkeit der migrantischen Gründer verwurzelt (Sabani, 2011). Dieses Attribut wurde bereits in unserer Definition SEU (siehe Kapitel 2.5) erfasst.

4.6 Schatten-Dimension

Neben den bisher beschriebenen positiven Aspekten des Ethnic Business gibt es auch kritische Punkte und Besorgnisse. In unserem Modell (siehe Abbildung 4) haben wir bspw. Prekariat, Parallelgesellschaften und Illegalität aufgeführt, die in folgenden Abschnitten kurz angegangen werden.

Suter, et al. (2003-2006) erwähnen in ihrer Studie, dass in vielen Fällen, insbesondere bei Türken und Ex-Jugoslawen, die Selbständigkeit in eine prekäre Situation führe. Doch ist diese Situation nicht nur in den strukturellen und persönlichen Faktoren der Migranten zu begründen. Denn der ökonomische Aufstieg, welcher durch eine Selbständigkeit erwartet wird, hängt auch stark mit den sozialen und institutionellen Möglichkeiten zusammen, welche in einem Land vorherrschen (Volery, 2007, p. 32). An verschiedenen Stellen dieser Arbeit (siehe bspw. Kapitel 4.3) wurde festgestellt, dass diese Barrieren in der Schweiz relativ hoch sind. Weitere prekäre Situationen bestehen hinsichtlich Arbeitsplatzsicherheit, Einkommen und Arbeitsbedingungen. Davon sind nicht nur viele der Inhaber, sondern auch deren

Mitarbeiter betroffen. Personen, die in solchen Betrieben arbeiten, akzeptieren häufig diese prekären Situationen, oft aufgrund familiärer und freundschaftlicher Nähe oder aufgrund fehlender Alternativen (Haberfellner, 2011, p. 4). Wie im Kapitel 3.2.2 erwähnt, weisen die ethnischen Unternehmen hohe Fluktuationsraten auf. Dies könnte ein Indiz für die prekäre wirtschaftliche Situation der ethnischen Unternehmen sein, welches auch von den Autoren Floeting, et al. diskutiert wird (Floeting, et al.,2005, p. 11). Tatsächlich fehlen empirische Untersuchungen über die Qualität der Arbeitsplätze in den ethnischen Unternehmen. Daher sind viele Interpretationen mit Spekulationen behaftet (Haberfellner, 2011, p. 4).

Besonders in der angloamerikanischen Ethnic-Business-Forschung wird implizit häufig davon ausgegangen, dass sich ethnische Unternehmen in bestimmten Sektoren und Wohnräumen konzentrieren, welche ebenfalls von einer innerethnischen Solidarität gekennzeichnet sind (Haberfellner, 2011, p. 4). Dies ist insbesondere der Fall, wenn es sich um Enklaven-Ökonomien handelt (siehe auch Kapitel 2.4.2). Weiter wird befürchtet, dass durch eine solche Entwicklung Parallelgesellschaften entstehen können, in denen sich die Ethnien vorwiegend untereinander austauschen (Schuleri-Hartje & Floeting, 2004, p. 62). Es wird behauptet, dass gerade ethnische Unternehmer, als selbsternannte Führungspersonen, durch ihre Netzwerke zur Mehrheitsgesellschaft nicht nur Vorteile für die eigene Community schaffen würden, sondern diese auch für eigene Interessen missbrauchen könnten (Oliveira & Rath, 2008, p. 11, Haberfellner, 2011, p. 5). Eine solche Entwicklung ist in der Schweiz aufgrund der Strukturen und Grössen der Ethnien bisher nicht möglich. Nichtsdestotrotz muss eine solche Gefahr frühzeitig erkannt und mit strukturellen und rechtlichen Möglichkeiten korrigiert werden. Denn eine räumliche Konzentration wird von der ansässigen Bevölkerung als Bedrohung wahrgenommen (Meier, 2008, p. 25).

Ethnische Unternehmen sind oft in wettbewerbs- und arbeitsintensiven Sektoren tätig. Um in solch hart umkämpften Branchen zu überleben, ist die Gefahr gross, dass die ethnischen Unternehmer gesetzliche Vorschriften (Steuern, Arbeitsbewilligungen, Arbeitszeiten etc.) umgehen und illegale Praktiken anwenden (Volery, 2007, p. 31ff; Meier, 2008, p. 25). Hinzu kommt die Verzahnung von formellen und informellen Wirtschaften, welche insbesondere die Familienmitglieder betrifft, die für die Existenz vieler ethnischer Unternehmen eine wichtige Rolle spielen. Hier besteht die Gefahr von schlechten Anstellungsbedingungen bis hin zur entschädigungslosen Beschäftigung (Haberfellner, 2011, p. 4). Illegalität durch Ethnic Business ist bisher nicht erforscht. Jedoch ist aufgrund vereinzelter Beobachtungen davon auszugehen, dass insbesondere bei der Einhaltung gesetzlicher Vorschriften gewisse Mängel bestehen (Meier, 2008, p. 25).

4.7 Kritische Würdigung und Ableitung der Hypothesen

Da sich das Kapitel 4 ausschliesslich mit dem Ethnic Business in der Schweiz beschäftigt, sollten möglichst diejenigen Arbeiten berücksichtigt werden, welche sich mit den Gegebenheiten in der Schweiz befassen. Doch wie eingangs in dieser Arbeit erwähnt, ist in der Schweiz in diesem Kontext bisher noch wenig geforscht worden. So musste bei der Bearbeitung dieses Kapitels vorwiegend auf die bisher umfangreichsten Arbeiten der Autoren Suter, et al. (2003-2006) und Piquet & Besson (2000) sowie auf Beiträge des Integrationsfachmannes Meier (2008) zurückgegriffen werden. Da dies alleine nicht genügte, wurden hin und wieder auch Arbeiten von ausserhalb der Schweiz konsultiert. Hinzu kam die Schwierigkeit, dass das entwickelte Swiss Ethnic-Business-Modell mit seinen fünf Dimensionen und weiteren Variablen in einer einzigen Arbeit nicht adäquat in die Tiefe bearbeitet werden kann. Um den Rahmen dieser Arbeit nicht zu sprengen, wurden zwar alle Dimensionen erfasst, jedoch nur punktuell in die Tiefe analysiert. Diese Problematik wurde bereits bei der Entwicklung des Modells diskutiert (siehe Kapitel 3.3), wonach die Überprüfung dieses ganzheitlichen Ansatzes in differenten sowie grösseren Arbeiten stattfinden sollte.

Die in Kapitel 4.1 aufgeführten Studien zeigten auf, dass insgesamt jene Migranten sich selbständig machen, die im Vergleich seit längerem in der Schweiz leben und besseren Zugang zu Schweizer Ressourcen wie bspw. Bildung oder Netzwerke haben. Weiter bestehen generationsspezifische Motive. Währenddem die erste Generation tendenziell aufgrund von Pushfaktoren gründet, spielen bei der zweiten Generation eher Pullfaktoren eine Rolle. Zudem haben sowohl die Untersuchungen der Autoren Suter, et al. (2003-2006), Piquet & Besson (2000), Meier (2008) als auch die Untersuchung der GEM (2012) gezeigt, dass das Ethnic Business in der Schweiz einen wichtigen ökonomischen und sozialen Stellenwert hat, und dass dennoch institutionelle Fördermassnahmen für die ethnischen Gründungen fehlen. Dies überrascht umso mehr, als dass es in der Schweiz zahlreiche Angebote rund um den Themenkontext Entrepreneurship gibt (u. a. solche, die mit öffentlichen Geldern subventioniert werden, wie bspw. die unterschiedlichen Gründungsförderprogramme der KTI). Es kann festgestellt werden, dass spezifische Angebote für Migranten/innen nicht oder lediglich in geringem Masse vorhanden sind. Dies bestätigt auch der eingangs erwähnte Befund der Studie von der Kalaidos Fachhochschule Schweiz (2009), welche zum Ergebnis kommt, dass die wirtschaftliche Selbständigkeit von Migranten trotz eines grossen ökonomischen und integrationspolitischen Potentials nur wenig gefördert wird.

Die funktionale Dimension in Kapitel 4.2 hat aufgezeigt, dass die ethnischen Unternehmen für die Schweizer Wirtschaft einen wichtigen Beitrag leisten und dass sie darüber hinaus auch gesellschaftliche Funktionen wie bspw. Quartieraufwertung oder Nahversorgung darstellen sowie einen Integrationsbeitrag leisten oder gar innovationsfördernde Effekte erzielen. Interessant für die Analyse dieser Dimension – und dieser Arbeit – ist die Anzahl der Unternehmen nach Ethnie, was in der Schweiz jedoch so explizit nicht erfasst wird. Daher wurde auf die Quellen wie OECD oder Volkszählungen zurückgegriffen, welche eher auf Schätzungen bzw. Regressionen beruhen. Die Analyse der Volkszählung von 2000 durch die Autoren Hettlage, et al. (2007) hat aufgezeigt, dass Personen aus Italien vergleichsweise öfter gründen als bspw. Türken oder Ex-Jugoslawen. Dies könnte u.a. auch mit dem zuvor dargelegten besseren Zugang zu Schweizer Ressourcen, welcher mit zunehmendem Bildungsstand besser erreichbar ist, zusammenhängen. Denn die Personen aus westlichen Ländern mit mehr Ressourcen (Bildung, Sprache, Finanzen) können besser auf die Schweizer Ressourcen zurückgreifen als jene aus weniger privilegierten Ländern wie bspw. aus Ost- oder Südosteuropa. Auch der höhere Reifegrad der italienischen Community in der Schweiz begünstigt den besseren Zugang zu den Schweizer Ressourcen.

Die strukturelle Dimension in Kapitel 4.3 hat aufgezeigt, dass die Migranten in unterschiedliche Klassen aufgeteilt werden können. Im Vergleich sind Migranten aus Drittländern bei der Unternehmensgründung gegenüber solchen aus EU/EFTA-Staaten mit gravierenden strukturellen Hindernissen konfrontiert. So müssen diese bspw. einen viel längeren Aufenthalt in der Schweiz ausweisen, um eine C-Bewilligung, welche oft ein Musskriterium für eine Unternehmengsründung darstellt, zu erhalten, als die EU/EFTA-Migranten. Hinzu kommt, dass ihre Abschlüsse oft nicht anerkannt werden und sie daher im Vergleich viel öfter Arbeiten tätigen müssen, für die sie überqualifiziert sind. Des Weiteren sind die Migranten mit hohen Restriktionen auf dem Arbeitsmarkt konfrontiert. All diese Aspekte bewirken auf Dauer Pushfaktoren zur Unternehmensgründung durch Migranten.

Auch die kulturelle Dimension in Kapitel 4.4 hat die Wichtigkeit des ethnischen Unternehmer-tums in der Schweiz einmal mehr aufgezeigt. So tragen Migranten mit ihren Unternehmen zur Diversität und kulturellen Vielfalt in der Schweiz bei. Es wurde festgestellt, dass Ethnien über bestimmte kulturelle Ressourcen wie stärkeren familiären Zusammenhalt oder Solidari-tät unter Verwandten verfügen, welche bei der Unternehmensaktivität eine wichtige Rolle spielen. Ebenso tendieren gewisse Ethnien aufgrund ihres kulturellen und traditionellen Hintergrunds vermehrt zu unternehmerischer Tätigkeit. Doch dieser Effekt müsste genauer untersucht werden, weil er sich mit der Zeit möglicherweise verändert.

Die individuelle Dimension in Kapitel 4. 5 hat aufgezeigt, dass diverse Pullfaktoren, welche vorwiegend in der Persönlichkeit eines Migranten liegen, für die Selbständigkeit eine Rolle spielen. Dabei können diese Beweggründe psychologischer oder kreativer Natur sein, was wiederum mit diversen Situationen begründet werden könnte. So wird ein Migrant, der soziale und/oder ökonomische Mobilität erfahren will und diese in einem Anstellungsverhältnis nicht erlangt, dies durch Selbständigkeit zu erzwingen versuchen. Hingegen könnten auch kreative Aspekte wie die Verwirklichung einer Idee oder Nutzung einer Opportunität eine Rolle für die ethnische Selbständigkeit spielen.

Trotz vieler positiver Funktionen beinhaltet das Ethnic Business auch gewisse Schattenaspekte, welche in Kapitel 4.6 diskutiert wurden. Grob zusammengefasst bestehen Gefahren wie Prekariat, Parallelgesellschaften und illegale Praktiken. Aufgrund der ethnischen Grössen besteht in der Schweiz die Gefahr einer Parallelgesellschaft jedoch nicht. Hingegen sind durchaus prekäre und illegale Praktiken vorhanden, wobei diese empirisch nicht erforscht sind und daher hierzu keine fundierten Aussagen gemacht werden können. Tatsache ist aber, dass Migranten tendenziell in den Branchen und Sektoren gründen, welche arbeitsintensiv und hart umkämpft sind. Die Untersuchung der Autoren Suter, et al. (2003-2006) hat zutage gebracht, dass in vielen Fällen, insbesondere bei den Türken und Ex-Jugoslawen, die Selbständigkeit in eine prekäre Situation führt. Doch inwieweit die zuvor dargelegten strukturellen und rechtlichen Einflüsse dabei eine Rolle spielen, wird nicht explizit untersucht.

Die bisherigen Ausführungen, insbesondere in Kapitel 4, zeigen, dass die ethnischen Gründungen mit unterschiedlichen Hemmnissen, Barrieren und Möglichkeiten konfrontiert sind. Es zeigt sich, dass die Unternehmensgründungen von Migranten tendenziell eher auf der strukturellen Dimension zu begründen sind. So wird der Schritt in die Selbständigkeit gewagt, um bspw. blockierte soziale Mobilität, Arbeitslosigkeit oder nicht anerkannte Diplome zu umgehen. Um diese Vermutungen zielgerichteter, empirisch zu untersuchen, werden folgende zwei Hypothesen gebildet und mit Unterhypothesen operationalisiert, damit sie statistisch beantwortet werden können.

H1: Die Unternehmensgründung ist ein Reaktion auf die blockierte Mobilität, was vorwiegend in der strukturellen Dimension (siehe Abbildung 4) zu begründen ist.
- H1.1: Die Probanden fühlen sich gegenüber den einheimischen Gründern benachteiligt. Dies unterscheidet sich je nach ethnischer Gruppe.
- H1.2: Die Probanden gründen hauptsächlich, weil sie Geschäftsgelegenheiten wahrnehmen und autonom arbeiten wollen.

H2: Der fehlende bzw. erschwerte Ressourcenzugriff (institutionell, finanziell, kaufmännisch) stellt die grösste Herausforderung für die Ethnic Businesses dar.
- H2.1: Die meisten Probanden (über 50%) haben keine institutionelle Hilfe bei der Unternehmensgründung.

- H2.2: Es nehmen mehr Probanden finanzielle Unterstützung von ihrer Familie an als eine institutionelle Finanzierung (Banken, Förderstellen) zu wählen. Dies unterscheidet sich je nach ethnischer Gruppe.

Mit der empirischen Untersuchung sollen zunächst diese Hypothesen beantwortet werden, und danach soll je nach Ergebnissen das entwickelte Swiss Ethnic-Business-Modell angepasst werden. Mit diesen Ausführungen ist der theoretische Teil dieser Arbeit dann auch abgeschlossen, und es wird in den folgenden Kapiteln zum empirischen Teil übergegangen.

5 Empirie

Nachdem in den vorangegangenen Kapiteln die theoretischen Grundlagen geschaffen wurden, befassen sich die nächsten Abschnitte mit dem empirischen Teil dieser Arbeit. Zunächst soll im Kapitel 5.1 ein kurzer Blick auf die historische Entwicklung und auf die Merkmale der albanischen, türkischen und italienischen Ethnien in der Schweiz geworfen werden. Anschliessend wird im Kapitel 5.2 das Forschungsdesign erläutert. Im darauffolgenden Kapitel 5.3 werden die Ergebnisse der Umfrage präsentiert und analysiert. Dabei sollen die im theoretischen Teil gebildeten Hypothesen beantwortet (siehe Kapitel 4.7) und das entwickelte SwissEB-Modell (siehe Kapitel 3.3) bei Bedarf angepasst werden. Der empirische Teil schliesst mit der kritischen Würdigung im Kapitel 5.6 und dem Fazit und Empfehlungen im Kapitel 6 ab.

5.1 Schweizerische Migrationsgeschichte

Hier wird lediglich die Geschichte der für diese Arbeit ausgewählten Ethnien wiedergegeben. Alles andere würde den Rahmen sprengen.

5.1.1 Migrationsgeschichte und soziodemografisches Profil der albanischen Ethnie in der Schweiz

Es leben schätzungsweise rund 200'000 Albaner in der Schweiz[28]. Die meisten von ihnen kommen aus dem Kosovo, Mazedonien, Südserbien und Albanien. Die wirtschaftliche Entwicklung der 50er-Jahre bedurfte vieler Arbeitskräfte, daher kamen in den 60er- und 70er-Jahren sehr viele „Gastarbeiter" aus Ex-Jugoslawien in die Schweiz. Sie waren sehr willkommen, denn die Schweizer Wirtschaft suchte damals vermehrt nach billigen Arbeitskräften. Diese Gastarbeiter wollten, nachdem sie genügend Geld gespart hatten, wieder nach Hause zurückkehren. Dies hatte zur Konsequenz, dass sie nicht stark mit der Schweizer Kultur und dem Schweizer Lebensstil verbunden waren (Ramaj, 2009, p. 13f).

Durch die Restriktionen im Bereich der Arbeitsmigration durch die Schweizer Politik (Aufhebung der Saisonnier-Statuts), und den Krieg in Ex-Jugoslawien in den 90er-Jahren, kamen viele albanisch-stämmige Migranten entweder als Familiennachzug oder als Asylbewerber in die Schweiz (Burri Sharani, et al., 2010, p. 25; Ramaj, 2009, p. 13f). Seit den 80er-Jahren ersuchen insbesondere Personen aus dem Kosovo um Asyl, wobei sie bis zur

---

[28] In der Schweiz wurde bisher keine Statistik über die Zugehörigkeit zur albanischen Ethnie erhoben. Die Schätzung hier beruht auf der Volkszählung 2000 (Von Aarburg & Gretler, 2008).

Unabhängigkeit des Kosovo in den Schweizer Statistiken nicht als Kosovaren sondern als Jugoslawen oder Serben registriert wurden. Mittlerweile leben rund 150'000–170'000 albanische Kosovaren in der Schweiz, was rund drei Viertel der albanischen Ethnie in der Schweiz ausmacht (Burri Sharani, et al., 2010, p. 25). Aufgrund dieser dominierenden Anzal der albanischen Ethnie aus dem Kosovo ist es angebracht, einen Blick auf deren Gegebenheiten in der Schweiz zu werfen: Die kosovarische Bevölkerung besteht vorwiegend aus jungen Menschen, was auf die hohe Geburtenrate und grosse Familienstrukturen zurückzuführen ist. Die Geschlechterverteilung ist mittlerweile ausgeglichen, und fast alle sind entweder hier geboren oder leben seit längerem in der Schweiz. Die meisten von ihnen leben in den Agglomerationen der Städte wie St. Gallen, Zürich, Bern, Basel und Luzern, Aarau (Burri Sharani, et al., 2010, p. 25f). Die erste Generation der Kosovaren arbeitetet vorwiegend in den Branchen Baugewerbe, Landwirtschaft, Industrie und Gastgewerbe, und da zeigt sich noch keine signifikante Veränderung. Obwohl die nachfolgenden Generationen im Vergleich zu ihren Eltern besser ausgebildet sind, haben sie trotzdem oft Schwierigkeiten beim Einstieg in die Arbeitswelt. Zurzeit sind sie viel stärker von Arbeitslosigkeit betroffen als Schweizer oder Personen aus anderen europäischen Ländern. Dazu kämpfen sie mit einem schlechten Image und Vorurteilen, was durch konservative Kräfte in der Schweiz immer wieder politisch instrumentalisiert wird (Burri Sharani, et al., 2010, p. 58; Mäder, 2009, p. o.S.).

5.1.2 Migrationsgeschichte und soziodemografisches Profil der türkischen Ethnie in der Schweiz

In der Schweiz leben rund 70'000 Menschen aus der Türkei. Hinzu kommen rund 50'000 Eingebürgerte (BFS , 2012). Somit sind sie mit rund 120'000 Personen die sechstgrösste Migrantengruppe in der Schweiz. Zu der grössten ethnischen Gruppen aus der Türkei zählen die Kurden[29]. Die Migrationsmotive der Ethnien aus der Türkei sind vor allem wirtschaftlich und politisch bedingt. Während zwischen den 60er- und 80er-Jahren die Einwanderung eher wirtschaftlich bedingt war, erfolgt die Einwanderung ab den 80er-Jahren eher aufgrund des Militärputschs und der militärischen Auseinandersetzung zwischen der PKK (Arbeiterpartei Kurdistans) und dem türkischen Militär. Letztere hatte ihren Höhepunkt in den 90er-Jahren, was eine politisch bedingte Einwanderung v. a. von Kurden in die Schweiz zur Folge hatte (Haab, et al., 2010, p. 9).

Rund 32% der oben erwähnten 70'000 Personen sind in der Schweiz geboren. Personen aus der Türkei leben überwiegend in der Deutschschweiz, insbesondere in den Kantonen

---

[29] In der Schweiz werden die türkischstämmigen Kurden nicht separat aufgeführt. Die Schätzung beruht auf den Erfahrungen des Autors.

Aargau, Basel und Zürich. Der Anteil der Männer (ca. 54%) ist leicht höher als jener der Frauen (ca. 46%). Der überwiegende Anteil dieser Personen besitzt die C-Bewilligung (ca. 80%). Der Bildungsstand dieser Gruppe ist im Vergleich tiefer als derjenige der Schweizer und der anderen ausländischen Bevölkerung. Dies ist zum einen damit zu begründen, dass die erste Generation vorwiegend aus den anatolischen Bergen stammt und wenig bis keine Schulbildung hatte. Durch den niedrigen Bildungsstand der Eltern, gepaart mit den fehlenden sozialen und finanziellen Ressourcen, können ihre Kinder nicht adäquat gefördert werden – und dies trotz dem hohen Bildungsinteresse der Eltern. Aufgrund dieser Tatsachen arbeiten viele Migranten aus der Türkei nach wie vor in Berufen mit niedrigen Qualifizierungen, wie etwa dem Bau- und Gastgewerbe. Ähnlich wie die albanische Ethnie sind Personen aus der Türkei stärker von Arbeitslosigkeit betroffen als Schweizer oder andere europäische Gruppen. Nicht zuletzt aufgrund dieser Nachteile stellt man eine ausgeprägte unternehmerische Tätigkeit in dieser Gruppe als Inhaber einer Imbissbude oder eines Lebensmittelladens fest. Hinzugekommen ist in den letzten Jahren die Selbständigkeit in der Reise- oder buchhalterischen Branche (Haab, et al., 2010, p. 9).

5.1.3 Migrationsgeschichte und soziodemografisches Profil der italienischen Ethnie in der Schweiz

Die italienische Migration in die Schweiz reicht bis ins 19. Jahrhundert zurück. Im Jahr 1860 waren es rund 10'000, im Jahre 1900 rund 120'000 und 1910 bereits über 200'000 Immigranten (Präsidialdepartement der Stadt Zürich, 2004). Mittlerweile sind die italienischen Staatsangehörigen mit rund 300'000 Personen die grösste Migrantengruppe in der Schweiz (BFS , 2012). Die ersten Italiener kamen für die Arbeiten am Gotthardtunnel. Mit der Eröffnung des Gotthardtunnels wurden die Verkehrswege stark gekürzt, was mitunter die massenhafte Einwanderung von Italienern in die Schweiz erleichterte. Doch diese Einwanderungswelle verlief nicht immer ohne Probleme: *In Bern, 1893 und Zürich, 1896 kommt es zu Ausschreitungen von Seiten der einheimischen Arbeiterschaft gegenüber den Italienern. Bei diesen Ausschreitungen werden italienische Geschäftslokale, Cafés und Restaurants verwüstet. Viele Italiener verlassen in derselben Nacht die Schweiz* (Präsidialdepartement der Stadt Zürich, 2004).

Nach dem Zweiten Weltkrieg verfügte die Schweiz im Vergleich zu anderen europäischen Ländern über intakte Infrastruktur und Produktion. Dies, gepaart mit dem wirtschaftlichen Boom nach dem Krieg, löste eine weitere italienische Einwanderungswelle in die Schweiz aus. Im Jahr 1975 hatte die Einwanderung ihren Höhepunkt erreicht, und es lebten rund 580'000 Italiener in der Schweiz. Sie kamen vorwiegend als Saisonarbeiter und ihr Aufenthalt war auf neun Monate beschränkt, was jedoch bei Bedarf verlängert wurde. Sie wurden insbesondere für die grösseren Bauten und in der Hotellerie eingesetzt. Die damalige Ausländerpolitik der Schweiz zielte darauf, die soziale, geografische und professionelle Mobilität nicht zu gewähren und die Ausländer in bestimmten Bereichen zu konzentrieren. Doch ab den 60er-Jahren hat sich die politische Richtung geändert. Familiennachzug wurde bspw. erleichtert, und auch Einbürgerungen wurden in Erwägung gezogen. Jedoch war dies von den Konservativen nicht erwünscht, welche daraufhin zahlreiche ausländerfeindliche Initiativen lancierten (Präsidialdepartement der Stadt Zürich, 2004). Die Italiener wurden damals als „arbeitsscheue Messerstecher", die scheinbar nicht integrierbar seien, diffamiert. Doch heute ist davon keine Rede mehr. Mittlerweile gilt die Geschichte der italienischen Einwanderung in die Schweiz als Beispiel einer geglückten Koexistenz (Andrea Tognina und Agenturen, 2003).

Die meisten Italiener leben in den Städten Zürich, Basel, Bern, Lausanne und Lugano. Die soziale Mobilität der Italiener in der Schweiz ist mittlerweile besonders hoch. So sind sie, je länger sie da sind, umso besser ausgebildet und in diversen Branchen sowohl als Arbeitnehmende wie auch als Arbeitgebende anzutreffen. Im Vergleich mit der albanischen und der türkischen Ethnie sind sie weit weniger von Arbeitslosigkeit betroffen. Der männliche Anteil ist leicht höher als der weibliche. Zudem ist das Verhältnis zwischen Jungen und Pensionierten ausgeglichen, was aus der längeren Migrationsdauer in die Schweiz resultiert (Wanner, 2004, p. 9ff).

5.2 Forschungsdesign

Um eine zielführende Untersuchung sicherzustellen, wird in den folgenden Abschnitten das Forschungsdesign erklärt. Dieses beschreibt die planerische Vorgehensweise der Untersuchung und zeigt auf, wie die Daten erhoben und analysiert werden. Auch die Auswahl des empirischen Materials sowie von Personen und Situationen wird durch das Forschungsdesign festgelegt (Flick, 2007, S. 173). Um ein geeignetes Forschungsdesign zu erstellen, müssen Faktoren wie Fragestellung, Forschungsziel, Forschungsumfeld, Stichprobenauswahl sowie Ressourcen berücksichtigt werden.

Für diese Studie wird die quantitative Methode der Sozialforschung angewendet: Mit einem Fragebogen werden Unternehmer (branchen- und sektorenneutral) mit albanischem, türkischem und italienischem Migrationshintergrund bspw. hinsichtlich ihrer Einstellungen, Intentionen, Motive, Erfahrungen etc. im Gründungskontext befragt.

Die Abbildung 7 zeigt das Forschungsdesign, welches nachfolgend genauer beschrieben wird.

Abbildung 7: Forschungsdesign

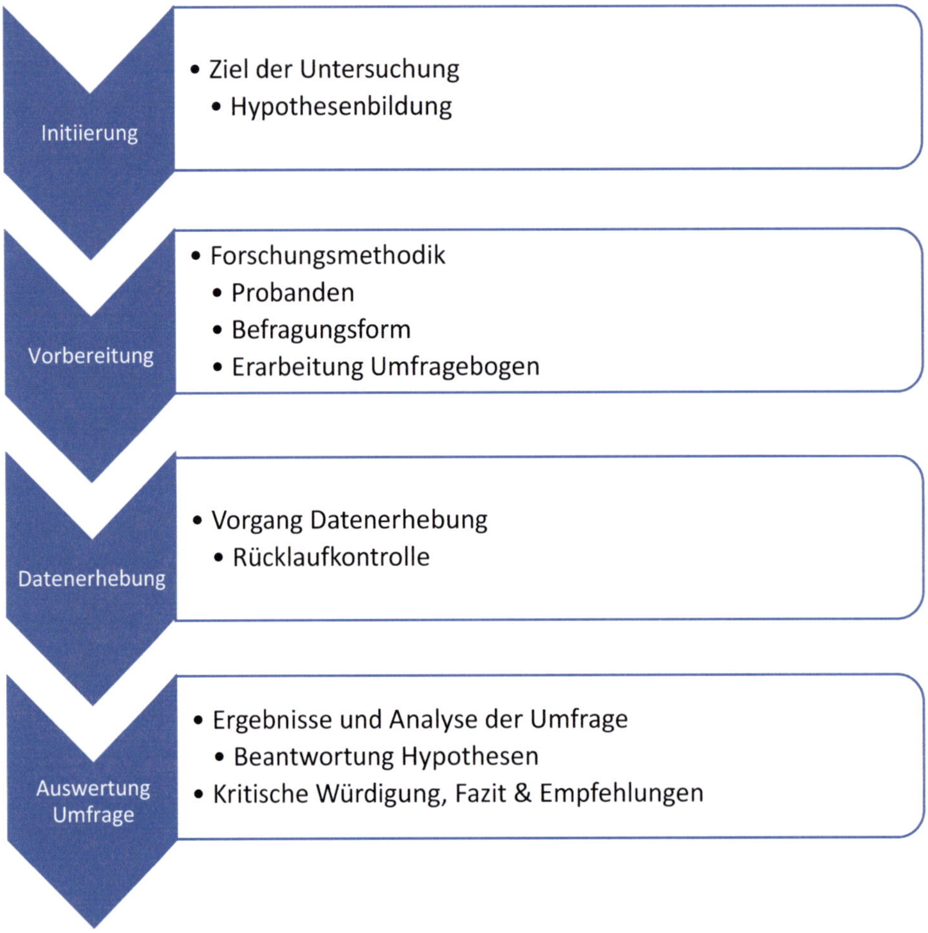

Initiierung
- Ziel der Untersuchung
  - Hypothesenbildung

Vorbereitung
- Forschungsmethodik
  - Probanden
  - Befragungsform
  - Erarbeitung Umfragebogen

Datenerhebung
- Vorgang Datenerhebung
  - Rücklaufkontrolle

Auswertung Umfrage
- Ergebnisse und Analyse der Umfrage
  - Beantwortung Hypothesen
- Kritische Würdigung, Fazit & Empfehlungen

Quelle: Eigene Darstellung

5.2.1 Ziel der Untersuchung und Hypothesen

Die empirische Untersuchung dieser Studie verfolgt das Ziel, die eingangs erwähnten Barrieren und Besonderheiten (bspw. Sprachkenntnisse, kulturelle Unterschiede, Einstellungen, Intentionen, Vorwissen etc.), die bei der Existenzgründung durch Migranten bestehen, zu analysieren. Auf Basis dieser Erkenntnisse sollen Massnahmen vorgeschlagen werden, die Migranten befähigen, diese Barrieren zu überwinden. Ein weiteres Ziel ist die Beantwortung der Hypothesen. Hypothesen sind Annahmen, die normalerweise durch einen deduktiven Vorgang aus der Theorie abgeleitet und empirisch überprüft werden, um die Realität zu erklären. Dementsprechend wurden die Hypothesen zu dieser Studie im Verlauf der Theoriebearbeitung gebildet. Sie werden aufgrund der gewonnenen Daten bzw. der Erkenntnisse daraus beantwortet. Die im Verlauf der theoretischen Auseinandersetzung gebildeten Hypothesen sind im Kapitel 4.7 ersichtlich.

5.2.2 Forschungsmethodik

Für die empirische Untersuchung wird die Befragung angewendet. Die Befragung ist nebst Beobachtung und Experiment die am meisten eingesetzte Primärerhebungsmethode (Kornmeier, 2007, S.158). Bei dieser Methode sind gemäss Kornmeier (2007) insbesondere folgende drei Faktoren zu berücksichtigen:

Tabelle 7: Zu beachtende Faktoren der Befragung

Faktor	Beschreibung
Probanden	*„Wer soll an der Befragung teilnehmen und wie sollen diese Auskunftspersonen (= Probanden) ausgewählt werden?"*
Befragungsform	*„Welche Befragungsform ist zweckmässig: schriftlich, mündlich, telefonisch?"*
Gestaltung	*„Wie ist der Fragebogen zu gestalten (Fragetyp, Skalierung, Aufbau des Fragebogens)?"*

Quelle: Eigene Darstellung in Anlehnung an Kornmeier 2007, S.158.

Probanden

Die zu befragenden Personen sollen aufgrund der zu prüfenden Hypothesen ausgewählt werden. Ferner ist zu bestimmen, ob man eine Vollerhebung oder eine Teilerhebung machen will (Kornmeier 2007, 158).

Um die oben angesprochenen Ziele zu erreichen, wird eine eigene Primärerhebung unter türkischen, albanischen und italienischen Unternehmern in der Schweiz durchgeführt. Diese drei Ethnien wurden als Zielgruppen ausgewählt, weil man Extreme haben will. Zudem gehören die italienische und die albanische Ethnie zu den grössten ausländischen Gruppen in der Schweiz, und die drei Ethnien weisen unterschiedliche Reifegrade in der Schweiz auf. Auch die besonders ausgeprägte unternehmerische Aktivität der türkischen Community in anderen Ländern spielte für diese Auswahl eine Rolle.

Aufgrund dieser Tatsachen ist der Autor dieser Arbeit überzeugt, dass diese Zielgruppen geeignet sind, um Vergleiche und Aussagen in diesem Kontext zu machen. Dabei müssen die Probanden mindestens folgende zwei Kriterien erfüllen:

1. Zugehörigkeit zur albanischen, türkischen oder italienischen Ethnie in der Schweiz
2. Entweder Inhaber oder Gründer eines Unternehmens

Um die Grundmenge dieser Personenkreise zu erfahren, wurden das BFS und das Zentrale Firmenregisteramt (Zefix) konsultiert. Doch diese offiziellen Stellen konnten keine Auskunft darüber geben, wie gross die Grundmenge in der Schweiz ist, sprich wie viele Unternehmer albanischer, türkischer und italienischer Herkunft es in der Schweiz gibt. Die BFS wurde zweimal konsultiert, und es wurde mitgeteilt, dass diesbezüglich keine Statistik in der Schweiz geführt wird (siehe auch Kapitel 5.2.2). Auch die telefonische Nachfrage[30] beim zentralen Firmenindex (Zefix) und beim Handelsregisteramt des Kantons Aargau konnte diese Problematik nicht beheben. Die in der Theorie zitierten Quellen (siehe bspw. Kapitel 4.2) basieren auf hochgerechneten Schätzwerten. Aufgrund dieser Tatsachen ist die Bestimmung einer Stichprobengrösse für eine Teilerhebung nicht möglich. Daher wurde beschlossen, eine möglichst hohe Anzahl solcher Unternehmer zu erreichen, wobei deren Branchen- und Sektorenzugehörigkeit keine Rolle spielt.

Befragungsform

Grundsätzlich ist es einem freigestellt, ob man eine schriftliche (brieflich, online), mündliche oder telefonische Befragung durchführt (Kornmeier 2007, 164). Für die Auswahl der Befragungsmethode sind die üblichen Gütekriterien der Sozialforschung wie Validität, Reliabilität und Objektivität zu berücksichtigen. Die Validität gibt an, wie gut eine Befragung misst, was sie messen soll, bzw. was sie zu messen vorgibt. Die Reliabilität gibt das Ausmass der Genauigkeit an, mit der das geprüfte Merkmal gemessen wird. Unter Objektivität versteht man das Ausmass, in dem die Resultate einer Befragung unabhängig vom Untersucher sind. D. h., verschiedene Forschende kommen – unabhängig von Test/-Fragebogenanwendung – zu denselben Ergebnissen. Es wird zwischen Durchführungs-, Auswertungs- und Interpretationsobjektivität unterschieden (Bühner, 2004, p. 34ff).

---

[30] Die telefonische Nachfrage beim Zefix sowie beim Handelsregisteramt des Kantons Aargau fand erstmals Anfang Februar und ein zweites Mal am 24. April 2014 statt.

Jede Befragungsform hat ihre Vor- und Nachteile, wobei deren wichtigste sich in folgender Tabelle gegenüberstehen:

Tabelle 8: Befragungsformen

Befragungsform	Vorteil	Nachteil
Schriftlich	• Schnelle Auskunft von vielen Probanden • Befragte haben mehr Zeit zum Nachdenken • Einfluss Interviewer entfällt • Geringe Kosten	• Teilnehmerbereitschaft sinkt bei heiklen Themen und längeren Fragebogen • Abfrage spontaner Fragen nicht möglich • Eher geringe Rücklaufquote
Mündlich	• Auskunftsbereitschaft ist relativ hoch • Geringe Gefahr von Missverständnissen	• Relativ hohe Kosten • Hoher Zeitaufwand • Gefahr des Interviewer-Einflusses
Telefonisch	• Relativ geringe Kosten • Rückfragemöglichkeit • Schnelle Informationsgewinnung	• Geringe telefonische Erreichbarkeit der Probanden • Begrenzte Zeitdauer

Quelle: Eigene Darstellung in Anlehnung an Kornmeier 2007, S.164ff.

Unter Berücksichtigung der obigen Punkte und der zur Verfügung stehenden Zeit wird für diese Arbeit die schriftliche Befragungsform angewendet. Dabei sollen die Probanden möglichst per E-Mail angeschrieben werden.

Fragebogengestaltung

In diesem Abschnitt wird die Entwicklung des Fragebogens kurz vorgestellt. Der gesamte Fragebogen inkl. Struktur befindet sich im Anhang 1 dieser Arbeit. Eine sorgfältige Gestaltung des Fragebogens ist oberstes Gebot, damit eine Befragung gelingen kann. Bei der Fragenerstellung (Items) kann man zwischen zwei Möglichkeiten wählen: Wenn man Fakten und Wünsche ermitteln will, so kann man dies mit direkten Fragen tun. Wenn man hingegen Einstellungen und Meinungen ermitteln will, so kann man dies mit Aussagen formulieren. Bei der Formulierung der einzelnen Items ist es ratsam, folgende Punkte zu berücksichtigen (2ask, 2014, p. 7f):

- Klar und unmissverständlich formulieren
- Fragen so kurz wie möglich, so lang wie nötig formulieren
- Fach- und Fremdwörter vermeiden
- Keine Abkürzungen
- Ein Item jeweils nur auf einen Sachverhalt beziehen
- Keine Suggestivfragen

- Keine Doppelverneinungen
- Absolute Begriffe wie „immer, oft, nie, meistens, im Allgemeinen etc." vermeiden

Es gibt zahlreiche Fragetypen. Welchen man schliesslich anwendet, hängt stark mit den zu prüfenden Hypothesen zusammen. Grundsätzlich unterscheidet man zwischen offenen, geschlossenen und kombinierten Fragen. Bei geschlossen Fragen sind die Antwortmöglichkeiten vorgegeben. Offene Fragen sind direkte Fragen ohne vorgegebene Antwortmöglichkeiten. Alternativ könnte man eine Kombination aus offenen und geschlossenen Fragetypen bilden. Gemäss Kornmeier (2007) soll man vorwiegend geschlossene Fragen stellen, weil sie die Auswertung erheblich erleichtern. Die Faustregel lautet: 80% geschlossene, 20% offene Items (Kornmeier 2007, S. 169ff.).

Weiter ist es, wie oben angesprochen, wichtig, die Gütekriterien der Sozialforschung zu beachten. Damit die Reliabilität gewährleistet wird, ist es insbesondere wichtig, für die innere Konsistenz des Fragebogens zu sorgen. Die Validität wird insbesondere durch die Inhalte des Fragebogens und weniger durch die Befragungsform bestimmt (Bühner, 2011, p. 58ff). Bezüglich Objektivität ist der Autor dieser Arbeit der Überzeugung, dass sie durch eine schriftliche Befragung (brieflich oder online) am besten gewährleistet ist.

Unter Berücksichtigung der obigen Punkte und unter Einbezug von Vorgängerstudien[31] wurde zwischen den Kurswochen (KW) 15 und 16 ein Fragebogen erstellt. Der Fragebogen gliedert sich in die folgenden sechs Themenschwerpunkte, wobei die letzten fünf den fünf Dimensionen des SwissEB-Modells entsprechend aufgeteilt wurden:

1. Allgemeine und soziodemografische Aspekte
2. Funktionale Dimension
3. Strukturelle Dimension
4. Individuelle Dimension
5. Herausfordernde Dimension
6. Kulturelle Dimension

Im ersten Themenblock wurden Fragen zu Geschlecht, Alter, Aufenthaltsdauer, Familiensituation, Herkunft und Sprache gestellt. Dabei ging es darum, allgemeine Informationen über die ethnischen Gründer zu gewinnen. Zwei Items wurden so konstruiert, dass eine nachträgliche ethnische Zuordnung gewährleistet werden kann. Dies ist insbesondere dann wichtig, wenn es darum geht, ethnisch-typischen Aussagen einerseits und Vergleiche unter den Ethnien andererseits zu bilden.

---

[31] Insbesondere Arbeiten von Leicht, et al., 2009, Gokce, 2013 sowie Harder & Hiebler, 2012.

Im zweiten Themenblock wurden Fragen zu Branchenzugehörigkeit und Mitarbeiterstruktur gestellt. Für die Branchenzugehörigkeit wurden die Bezeichnungen des BFS konsultiert[32], und für die Mitarbeiterstruktur wurde die KMU-Definition[33] der Europäischen Union herangezogen.

Im dritten Themenblock wurden Fragen zu Gründungsmotiven, Finanziellem, Consulting & Weiterbildung gestellt. Zum einen ging es darum, die subjektiven Beweggründe für die Unternehmensgründung und die Gründungshemmnisse während ihrer selbständigen Tätigkeit zu erfragen. Zum anderen sollten finanzielle Aspekte und Beratung sowie Weiterbildungsbedarf der Probanden abgeklärt werden. Die letzte Frage in diesem Block bezog sich auf die subjektiv empfundene Diskriminierung in Bezug auf den migrantischen Hintergrund.

Im vierten Themenblock wurden Fragen bezüglich des Bildungsabschlusses und des Ausbildungsorts gestellt. Dazu wurde explizit danach gefragt, ob der Abschluss in der Schweiz anerkannt ist oder nicht. Damit wird nicht nur eine Überblicksgewinnung über das Bildungsniveau der ethnischen Gründer bezweckt, sondern auch eruiert, ob evtl. eine Benachteiligung hinsichtlich nicht anerkannter Diplome gegeben ist.

Im fünften Themenblock ging es darum, Anhaltspunkte bezüglich der Schattenseiten des ethnischen Unternehmertums zu eruieren. Um die Probanden nicht abzuschrecken, wurde der Titel dieses Blocks nicht analog der Schattendimension des Ethnic-Business-Modells, sondern als Herausfordernde Dimension bezeichnet. So ging es bspw. darum herausfinden, ob eine erhöhte Arbeitsbelastung besteht oder ob die Migranten mit belastenden Konflikten konfrontiert sind.

Im letzten Themenblock wurden Fragen hinsichtlich Mitarbeiterstruktur, Kundenstruktur, Integration gestellt. Es ging dabei darum, herauszufinden, mit wem die ethnischen Gründer Geschäfte machen. Ob es zu einem Austausch mit den Schweizern kommt, oder ob es Hinweise für ein segregatives Geschäften innerhalb einer Ethnie gibt. Weiter wurden in diesem Block Fragen gestellt, die dazu dienen, subjektive Einschätzungen der Migranten bezüglich Integration zu gewinnen.

Zusätzlich soll erwähnt werden, dass die Items im Fragebogen Aussagen bzw. Ergebnisse für diverse Themenblöcke liefern können, weil sie starke Interdependenzen analog der fünf Dimensionen des Swiss Ethnic-Business-Modells aufweisen. Dies wird am Beispiel des Items 13 (siehe Abbildung 8) illustriert: Variablen werden zu Faktoren zusammengefasst, welche wiederum unterschiedlichen Dimensionen zuzuordnen sind.

---

[32] http://www.bfs.admin.ch/bfs/portal/de/index/themen/04/02/02/key/nach_branchen.html
[33] Die neue KMU-Definitionen – Benutzerhandbuch und Mustererklärungen

Abbildung 8: Faktoren und Dimensionszuteilung am Beispiel Item 13

Variable	Faktoren	Dimensionen

□ um Arbeitslosigkeit zu umgehen

□ weil meine Diplome nicht anerkannt werden

Prekäre Situation

□ weil ich in meinem alten Beruf nicht viel Geld verdiente

□ weil ich mit meinem alten Beruf unzufrieden war

Diskriminierung/ Unzufriedenheit

□ um unabhängig arbeiten zu können

□ um Ansehen in der Gesellschaft zu bekommen

Autonomie/Ansehen

□ weil ich eine Geschäftsidee verwirklichen wollte

□ weil ich eine Marktlücke entdeckt habe

Chancenerkennung

Strukturelle Dimension

Individuelle Dimension

Quelle: Eigene Darstellung

84

Der so entwickelte Fragebogen wurde in der KW 16 einem ersten Pretest unterzogen. Hierfür wurde einem dem Autor bekannten ethnischen Unternehmer eine ausgedruckte Version zugestellt, welcher den Fragebogen unter Zeitmessung zu beantworten hatte. Zusätzlich sollte er seine subjektive Einschätzung bezüglich des Schwierigkeitsgrads der Fragen und sonstige Anregungen mitteilen. Diese Hinweise veranlassten eine z. T. umfangreiche Anpassung einiger Items, woraufhin entschieden wurde, den Fragebogen einem zweiten Pretest (21.05.2014) zu unterstellen. Der zweite Pretest zeigte lediglich, dass das Item bezüglich Umsatz des Betriebes beim Zielpublikum nicht gut ankommt, worauf dieses entfernt wurde und der finale Fragebogen zum Versand bereit stand.

5.2.3 Vorgang Datenerhebung

Die Datenerhebung wurde mittels der entwickelten Fragebogen bei den Unternehmern der türkischen, albanischen und italienischen Ethnie durchgeführt. Bevor mit der Datenerhebung begonnen wurde, wurden folgende zusätzliche Kriterien für die Primärhebung festgelegt:

Tabelle 9: Kriterien Datenerhebung

Kriterium	Beschreibung
Ethnische Zugehörigkeit	*Albanische, türkische und italienische*
Tätigkeit	*Unternehmer, branchen- sowie sektorenneutral*
Anzahl	*Möglichst viele*
Geografische Lage	*Deutschschweiz*
Sprache	*Deutsch*
Erhebungs-Instrumentarium	*Fragebogen (online sowie schriftlich)*

Quelle: Eigene Darstellung

Wie bereits angesprochen, konnte die Grundmenge nicht festgestellt werden (siehe Kapitel 5.2.2). Somit ist keine Stichprobe gezogen. Für eine wirtschaftlich und zeitlich günstige Umfrage wären Datensätze mit E-Mails nötig gewesen, doch solche konnten, wie oben erwähnt, von keiner offiziellen Stelle zur Verfügung gestellt werden.

Bei der diesbezüglichen Internetrecherche wurde ein Förderverein italienischen Unternehmertums entdeckt, welcher eine unsortierte Excel-Liste seiner Mitglieder mit Auflagen[34] zur Verfügung stellte. Nachdem diese Liste sortiert war (Unternehmen aus der italienischen und französischen Schweiz wurden rausgefiltert), hatte man 217 Unternehmen zur Verfügung. Anschliessend wurde mittels Internetrecherche nach E-Mail-Adressen dieser Unternehmen gesucht.

---

[34] Die Daten dürfen auf kein Fall weitergegeben werden und der Name des Vereins sowie des Herausgebers dürfen nirgends erwähnt werden.

Für die Datensätze albanischer Unternehmer wurde ein Bekannter angesprochen, dessen Vater seit über 30 Jahren in seiner Consultingfirma[35] die albanische Ethnie in diversen Angelegenheiten berät. Auch er hat unter Auflagen[36] eine Liste seiner in den vergangenen Jahren beratenen Firmen/Selbständigen zur Verfügung gestellt. Da in diesem Datensatz keinerlei E-Mails vorhanden waren, musste ebenfalls mittels Internetrecherche danach gesucht werden.

Auf der Homepage[37] des türkischen Botschafters wurde eine Liste mit rund 79 türkischen Unternehmen in der Schweiz gefunden. Da diese Anzahl nicht ausreichend ist, wurde bei weiteren Recherchen eine Homepage[38] mit zahlreichen türkischen Unternehmen in der Schweiz ermittelt. Jedoch waren auch hier nicht viele Unternehmen mit E-Mail-Adressen vorhanden, doch es war eine gute Quelle für die Datengewinnung.

Als weitere Vorbereitung wurde ein Begleitschreiben verfasst, welches jeweils auf Albanisch, Türkisch und Italienisch übersetzt wurde. Die albanische Übersetzung wurde von einem Bekannten übernommen, welcher nebenberuflich als Übersetzer und Dolmetscher agiert. Für die italienische Übersetzung war ein Freund zuständig, welcher Italienisch auf Kantonsschulniveau unterrichtet. Und die türkische Übersetzung hat der Autor dieser Studie selbst durchgeführt. All diese Übersetzungen waren nötig, um evtl. Sprachschwierigkeiten der Probanden zu minimieren. Darüber hinaus wurde beim Begleitschreiben u. a. darauf geachtet, dass die Teilnehmer direkt angesprochen werden, dass sie Informationen über Ziele und Nutzen der Umfrage erhalten, dass die Fragebogen von Firmeninhaber oder Gründer persönlich auszufüllen sind und dass die Teilnahme freiwillig ist und anonym ausgewertet wird.

Die Zusammenstellung und Überwachung der Onlinebefragung wurde selbständig durchgeführt. Hierfür wurden die Dienste der Webseite www.2ask.ch genutzt, welche für wissenschaftliche Untersuchungen kostenlos ist. Die Vorteile dieses Angebots bestehen darin, dass die Webseite benutzerfreundlich ist, dass zahlreiche Anleitungen zur Verfügung stehen und dass sie für weiterführende Fragen eine kostenlose Hotline anbietet. Zudem verfügt das Programm über eine Überwachungsmaske, auf der die Rücklaufquote jederzeit ersichtlich ist und die Daten grafisch angezeigt werden können. Alle Daten werden verschlüsselt und redundant auf dem Server des Anbieters gespeichert. Darüber hinaus bietet das Programm einen direkten E-Mail-Versand, welcher für diese Arbeit jedoch nicht in Anspruch genommen

---

[35] Name der Firma ist dem Autor bekannt, darf jedoch aufgrund der Anonymität hier nicht erwähnt werden.
[36] Die Daten dürfen auf keinen Fall weitergegeben werden und der Name des Unternehmens sowie des Herausgebers dürfen nirgends erwähnt werden.
[37] http://www.counsellors.gov.tr/altdetay.cfm?AltAlanID=277&dil=TR&ulke=CH
[38] http://www.firmarehberi.ch/

wurde. Ebenso können die Daten nicht nur in Excelformat, sondern auch in SPSS[39]-konformen Formaten für weiterführende Analysen bezogen werden.

Die Onlinebefragung wurde erstmals am 26.04.2014 per E-Mail gestartet und am 05.05.2014 wurde eine Erinnerungsmailverschickt. Insgesamt stand für die Onlinebefragung eine Feldzeit vom 26.04.2014 bis 09.05.2014 zur Verfügung. Der Online-Serienversand wurde mithilfe der Programme Word, Excel und Outlook durchgeführt. Im Vergleich war die Erinnerungsmail erfolgreicher als der erste Versand (24 gegenüber 18).

Die postalische Sendung wurde am 25.04.2014 versandt. Nebst Fragebogen und Begleitschreiben wurde ein vorfrankierter und voradressierter Umschlag beigelegt. Sowohl die Sendung wie auch das Rückantwortkuvert wurden mit A-Post frankiert, weil man unter zeitlichen Druck stand. Die Feldzeit für diesen Vorgang dauerte ebenfalls vom 26.04.2014–09.05.2014. Bis zum 09.05.2014 kamen insgesamt 31 gültige, ausgefüllte Fragebogen auf postalischem Weg zurück. Davon waren 16 albanische Unternehmer, 4 türkische und 11 italienische.

Insgesamt (online + postal) kamen bis zur Deadline vom 09.05.2014 73 Teilnahmen zustande. Dies wurde vom Autor dieser Arbeit als nicht ausreichend erachtet, woraufhin er zwischen dem 10.05.2014 und dem 15.05.2014 in Basel, Zürich und im Raum Baden eine zusätzliche, persönliche Akquise durchführte. Er suchte dabei Strassen mit hohen Ausländeranteilen bzw. ausländisch klingenden Geschäften auf und konnte auf diesem Wege 32 weitere Teilnahmen verbuchen. Dieser Vorgang ist nebst einem enormen zeitlichen Aufwand und Kosten auch mit einer Einflussgefahr des Autors auf die Probanden behaftet (Kornmeier 2007, S. 166f). Um die letztgenannte Gefahr zu mildern, wurde darauf geachtet, dass nach einer Vorstellung seitens des Autors, der Fragebogen auf einem iPad zur Ausfüllung abgegeben wurde, während der Autor Distanz gewährte. Als Vorteil dieses Vorgangs können die anschliessenden Gespräche mit den Teilnehmern erwähnt werden. Es konnten einige sehr interessante Gespräche mit hochkarätigem Informationsgehalt stattfinden, die bei der schriftlichen Befragung wegfielen. Diese Informationen werden zu gegebener Zeit bei der Analyse der Ergebnisse wiedergegeben.

Insgesamt (online + postal + Begehung der Strassen) konnten vom 25.04.2014 bis zum 15.05.2014 total 105 Teilnahmen erreicht werden, die in der folgenden Tabelle 10 zusammengefasst wurden:

---

[39] Ein bekanntes Tool für die quantitativen Analysen, insbesondere in der Sozialforschung.

Tabelle 10: Ergebnisse Datensammlung

Zielgruppe	Online[40]	Postal	Persönlich	Total
Albanisch	-	16	6	-
Türkisch	-	4	20	-
Italienisch	-	11	6	-
Total	42	31	32	**105**

Quelle: Eigene Darstellung

Diese gesammelten Fragebogen werden mithilfe des Programms SPSS im folgenden Kapitel analysiert und diskutiert.

5.3 Ergebnisse und Analyse der Umfrage

In diesem Kapitel werden die Ergebnisse der gesammelten, gültigen Umfragen zusammenfassend dargelegt und analysiert. Dabei werden die Ergebnisse analog der im Forschungsdesign erwähnten sechs Themenblöcke (siehe Kapitel 5.2.2) hintereinander analysiert und zunächst deskriptiv und explorativ beschrieben. Bei der Analyse werden zu den Ergebnissen womöglich die Befunde aus dem Theorieteil herbeigezogen. Ziel ist es, die im Kapitel 4.7 gebildeten Hypothesen zu prüfen. Im anschliessenden Kapitel werden die Ergebnisse kritisch diskutiert und bei Bedarf das im Kapitel 3.3 entwickeltes SwissEB-Modell angepasst.

5.3.1 Allgemeine und soziodemografische Aspekte

Die Analyse mit der SPSS hat gezeigt, dass von den gesammelten 105 Fragebogen lediglich 103 berücksichtigt werden können, weil zwei inkomplett waren. Die Abbildung 9 zeigt die allgemeinen und soziodemografischen Profile der Probanden. Betrachtet man die Daten über die Ethnie-Aspekte hinaus, so stellt man fest, dass die Genderaufteilung 90,3% männlich und 9,7% weiblich ist. Über alle drei Ethnien sind die drei dominanten Altersgruppen: 26-35 (31,1%), 36-45 (29,1%), 46-55 (28,2%). Der Blick auf den Bildungsstatus zeigt, dass die meisten Probanden (57,3%) eine Grundschule mit einer Lehre absolviert haben, 20,4% ein Studium und 16,5% die Grundschule ohne abgeschlossene Lehre. Zudem sind 27,2% der Probanden in der Schweiz geboren und 43,7% haben einen Schweizer Pass. 68% der Probanden gaben an, dass mindestens ein Elternteil in die Schweiz eingewandert sei.

---

[40] Eine nach Ethnien aufgeteilte Übersicht konnte nicht gemacht werden, weil allen Teilnehmenden der gleiche Link versandt wurde.

Abbildung 9: Soziodemografisches Profil der Umfrageteilnehmer

Soziodemografisches Profil der Umfrageteilnehmer (N= 103)

	Albanisch		Türkisch		Italienisch		Total	
	N	%	N	%	N	%	N	%
Geschlecht								
Männlich	41	95.3	32	88.9	20	83.3	93	90.3
Weiblich	2	4.7	4	11.1	4	16.7	10	9.7
Alter								
26-35	24	55.8	7	19.4	1	4.2	32	31.1
36-45	8	18.6	17	47.2	5	20.8	30	29.1
46-55	8	18.6	9	25.0	12	50.0	29	28.2
56-65	2	4.7	2	5.6	5	20.8	9	8.7
66 oder mehr	1	2.3	1	2.8	1	4.2	3	2.9
Bildungsstand								
noch kein allgemeiner Schul-/Berufsabschluss			1	2.8			1	1.0
Grundschule ohne abgeschlossene Lehre/Beruf	2	4.7	12	33.3	3	12.5	17	16.5
Grundschule mit abgeschlossener Lehre/Beruf	32	74.4	13	36.1	14	54.2	59	57.3
Kantonsschule / Gymnasium mit Abschluss ohne Studium	2	4.7	1	2.8	1	4.2	4	3.9
Studium (Universität / Fachhochschule)	7	16.3	8	22.2	6	25	21	20.4
Promotion			1	2.8			1	1.0
In der Schweiz geboren	10	23.3	7	19.4	11	45.8	28	27.2
Inhaber von Schweizer Pass	21	48.8	16	44.4	8	33.3	45	43.7
Mindestens ein Elternteil in die Schweiz eingewandert	33	76.7	22	61.1	15	62.5	70	68.0

Quelle: Eigene Darstellung

Der Blick auf die Anteile pro Ethnie zeigt, dass von den gültigen Teilnehmenden 43 albanischer, 36 türkischer und 24 italienischer Ethnie sind. Während bei der albanischen Ethnie die Altersgruppe 26-35 (55,8%) dominiert, ist es bei der türkischen die Altersgruppe 36-45 (47,2%) und bei der italienischen die Altersgruppe 46-55 (50%). Während der Anteil der albanischen und der italienischen Probanden einen hohen Schulabschluss mit Lehre (74,4% vs. 54,2%) vorweist, ist der diesbezügliche Anteil der türkischen Probanden relativ tief (36,1%). Zwei türkische Probanden weisen zwei Extreme aus; einer hat gar keinen Schulbesuch, der andere hat eine Promotion. Auch wenn die Zahl der türkischen Probanden mit Grundschule ohne Lehre mit 33,3% im Vergleich zu den anderen Ethnien herausragt, ist dies nicht so überraschend. Denn wie im Kapitel 5.1.2 erfahren, ist der Bildungsstand dieser Gruppe nicht nur im Vergleich zu Einheimischen, sondern auch zu anderen Ethnien tief. Zudem wird ein niedriger Bildungsstand der Eltern oft an die Kinder weitergegeben. Im Vergleich sind mehr italienische Probanden (45,8%) in der Schweiz geboren als albanische (23,3%) und türkische (19,4%). Interessanterweise ist die Reihenfolge beim Besitz des Schweizer Passes umgekehrt: mit 48,8% besitzen ihn die albanischen Probanden am häufigsten, gefolgt von den türkischen (44,4%) und italienischen (33,3%). Am meisten zugewanderte Eltern (76,7%) weisen die albanischen Probanden aus, während die türkischen (61,1%) und italienischen (62,5%) in etwa einen ähnlichen Wert aufweisen.

5.3.2 Funktionale Dimension

In diesem Kapitel soll aufgezeigt werden, in welchen Branchen die Ethnien überwiegend tätig sind und ob es Unterschiede zwischen den Ethnien gibt. Auch die betrieblichen Strukturen sollen aufgedeckt werden. So soll beleuchtet werden, wie gross die Betriebe sind, um herauszufinden, wie viele Arbeitsplätze sie schaffen. Interessant ist es auch zu wissen, wie die Kunden- und Mitarbeiterstruktur aussieht. Dies gibt wichtige Hinweise auf den gesellschaftlichen Beitrag, welchen die ethnischen Unternehmen leisten.

Die Abbildung 10 zeigt die Branchenverteilung der Probanden. Demnach überwiegen die Branchen Bau & Handwerk und Gastgewerbe, gefolgt von Handel/Detailhandel sowie Dienstleistungen 1 & 2.

Abbildung 10: Branchenverteilung der ethnischen Unternehmer

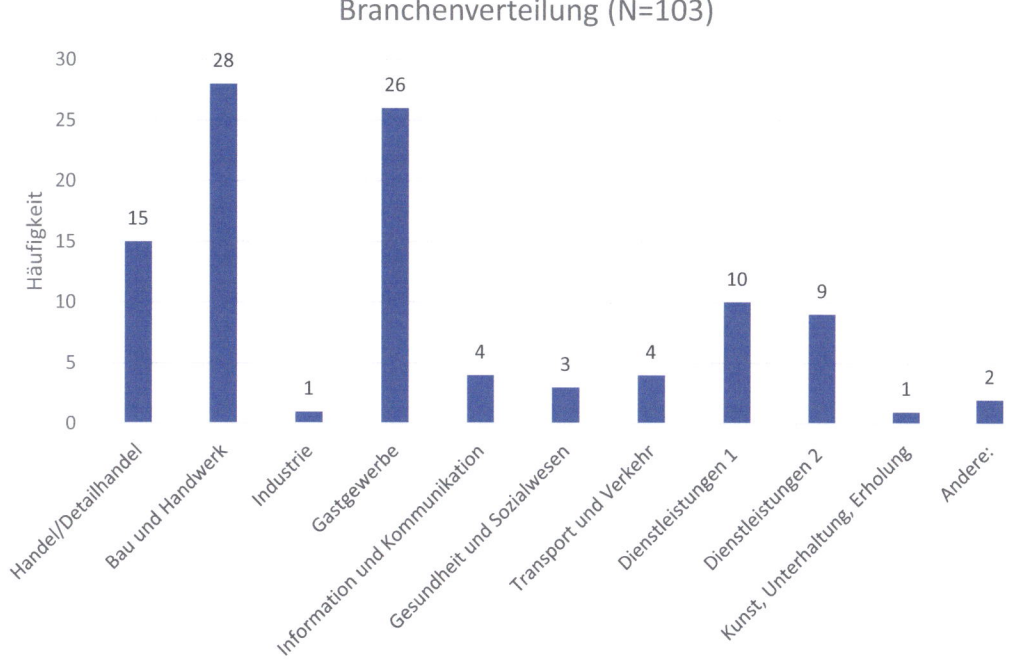

Quelle: Eigene Darstellung[41]

Schaut man die Ergebnisse detaillierter an (siehe Anhang 2; Abbildung 24), so zeigt sich, dass die albanischen Unternehmer vorwiegend in Bau & Handwerk (26 Nennungen) tätig sind, während die türkischen Unternehmer vorwiegend im Gastgewerbe (18 Nennungen) und Handel/Detailhandel (10 Nennungen) engagiert sind. Die italienischen Unternehmer zeigen im Vergleich mit anderen Ethnien eine breitere Branchenverteilung, wobei das Gastgewerbe (8 Nennungen) herausragt. Aufgrund dieser Resultate könnte man gemäss Nischenmodell (siehe Kapitel 2.4.4) behaupten, dass die Ethnien gewisse Branchen besetzen, die von der jeweiligen Ethnie geprägt werden. Doch dies würde am Beispiel der italienischen Ethnie nicht zutreffen. Das könnte auch ein Indiz dafür sein, dass der Reifegrad einer Ethnie für die Branchenzuteilung eine Rolle spielt. Also je länger man in einem Land ist, desto vielfältiger ist die Branchenaufteilung. Insgesamt bestätigen diese Ergebnisse die Ausführungen in den Kapiteln 5.1.1 und 5.1.2, dass die albanische und die türkische Ethnie vorwiegend in den Sektoren Bau bzw. Gastgewerbe arbeiten.

---

[41] Dienstleistungen 1 = Finanz, Versicherung, Buchhaltung, Consulting etc. Dienstleistungen 2 = Coiffeur, Schneiderei, Körperpflege, Reinigung etc.

Geht man einen Schritt weiter und schaut, wie viel Branchenerfahrung (siehe Anhang 2; Abbildung 25) die ethnischen Gründer haben, so stellt man fest, dass der überwiegende Anteil (79 Nennungen) der Probanden Branchenerfahrung hatte, bevor sie ein Unternehmen gründeten. Jedoch zeigt die Ethnie-spezifische Analyse, dass bei der türkischen Ethnie sehr viele auch ohne vorherige Branchenerfahrung gründen (15 Nennungen). Im Vergleich zu albanischen (4 Nennungen) und italienischen Gründern (3 Nennungen) ist dies ein hoher Wert. Dies bestätigen die Ausführungen im Kapitel 5.1.2, wo festgehalten wurde, dass die türkische Ethnie in niedrigqualifizierten Branchen mit wenig bis keinen Gründungshindernissen gründet.

Tolciu, et al. (2010) und Leicht, et al. (2006) erwähnen in ihrer Arbeit über das Ethnic Business, dass es kleinbetriebliche Strukturen aufweise, in denen wenige Personen beschäftigt seien (siehe Kapitel 3.2.2.1). Dies wird, wie in Abbildung 11 dargestellt, auch in dieser Primärerhebung bestätigt. Demzufolge haben die meisten Probanden 1-24 Mitarbeitende. Ganz wenige haben mehr als 24 Mitarbeitende. Zudem gibt es einen Ausreisser mit über 250 Mitarbeitenden, welcher ein italienischer Proband ist. So gesehen sind gemäss KMU-Definition im Kapitel 5.2.2 die meisten Probanden den Kleinst- bis Kleinunternehmen zuzuordnen.

Abbildung 11: Mitarbeiterstruktur der ethnischen Unternehmer

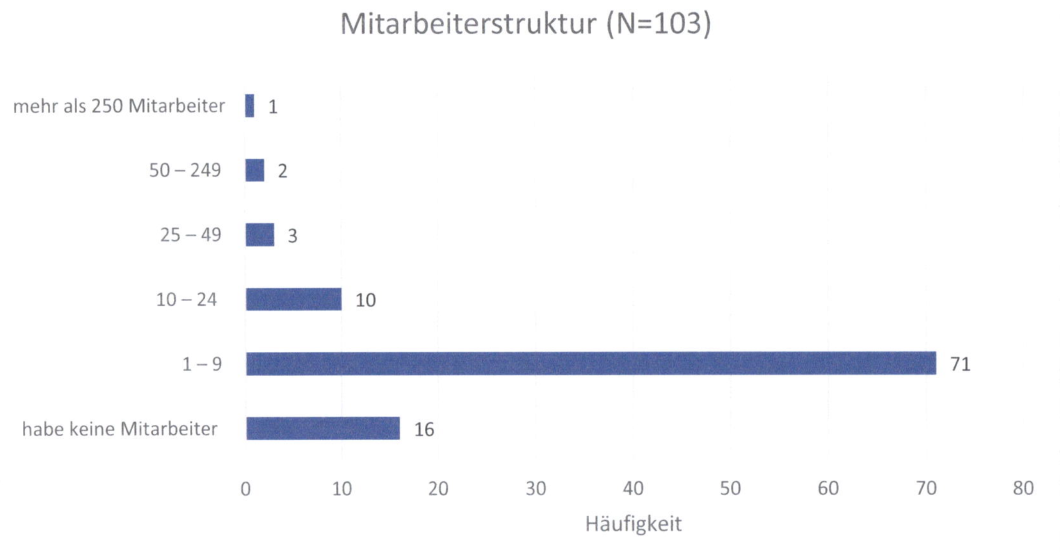

Quelle: Eigene Darstellung

Auch eine differenzierte Betrachtung pro Ethnie (siehe Anhang 2; Abbildung 26) zeigt ähnliche Betriebsgrössen wie oben beschrieben. Hingegen zeigt sich ein Unterschied bei der

Mitarbeit der Familienangehörigen. Während die albanischen Probanden mit 69,7% auf die Mitarbeit der Familie zählen, sind es bei den türkischen 57,1% und bei den italienischen 41,6% (siehe Anhang 2; Abbildung 27). Auch wenn zwischen den Ethnien ein Unterschied besteht, zeigen die Resultate, dass die familiäre Mitarbeit sehr verbreitet ist.

In der kritischen Diskussion im Kapitel 2.5 wurde erwähnt, dass weder ökonomische Enklaven noch nischenökonomische Theorien für die Schweizer Verhältnisse zutreffen. Dies wurde u. a. damit begründet, dass die Ethnien sich mit zunehmendem Reifegrad stärker an der Mehrheitsgesellschaft orientieren und einen vielfältigen Kundenkreis aufweisen. Dies bestätigen auch die Ergebnisse dieser Studie, wie in der Abbildung 12 dargestellt.

Abbildung 12: Kundenkreis der ethnischen Unternehmer

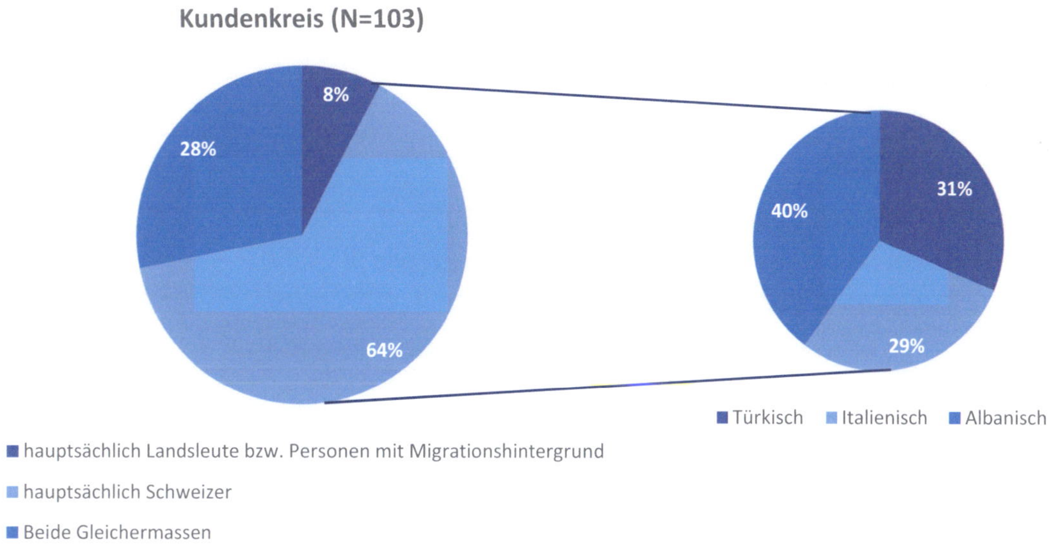

Kundenkreis (N=103)

- hauptsächlich Landsleute bzw. Personen mit Migrationshintergrund
- hauptsächlich Schweizer
- Beide Gleichermassen

■ Türkisch ■ Italienisch ■ Albanisch

Quelle: Eigene Darstellung

Die obige Abbildung zeigt den Kundenkreis der Probanden. Daraus wird deutlich, dass der überwiegende Anteil der Kunden (64%) Einheimische sind. Nur 8% geben an, hauptsächlich Landsleute bzw. Personen mit Migrationshintergrund als Kunden zu haben, während 28% gleichermassen Einheimische sowie Migranten als Kunden aufweisen. Der differenzierte Blick pro Ethnie zeigt, dass die albanische Ethnie mit 40% mehr Schweizer Kunden aufweist als die türkische (31%) und die italienische (29%). Generell deutet ein grosser Anteil an Schweizer Kunden auf eine hohe Interaktion zwischen Migranten und Einheimischen hin. Dies ist zu begrüssen, weil so mitunter ein hoher Beitrag an die gesellschaftliche Integration geleistet wird.

5.3.3 Strukturelle Dimension

An unterschiedlichen Stellen dieser Arbeit wurde erwähnt, wie wichtig der Ressourcenzugriff für die Ethnic-Business-Gründungen ist und welche Pushfaktoren zu einer Unternehmensgründung führen können. Daher soll in diesem Kapitel erläutert werden, wie die Ethnien eine Gründung vorbereiten, welche Hilfestellungen ihnen zur Verfügung stehen und wo noch Bedarf besteht. Weiter soll herausgefunden werden, mit welchen potenziellen Hemmnissen die ethnischen Gründer konfrontiert sind. Doch zuvor soll eruiert werden, warum es überhaupt zu einer Unternehmensgründung kommt. Dazu wurde ein Item mit Mehrfachauswahl erstellt, welches analog der Abbildung 138 im Forschungsdesign operationalisiert wurde (siehe Kapitel 5.2.2). Entsprechend dieser Darstellung sollen die Ergebnisse hier abgebildet werden:

Abbildung 13: Gründungsmotiv der ethnischen Unternehmer

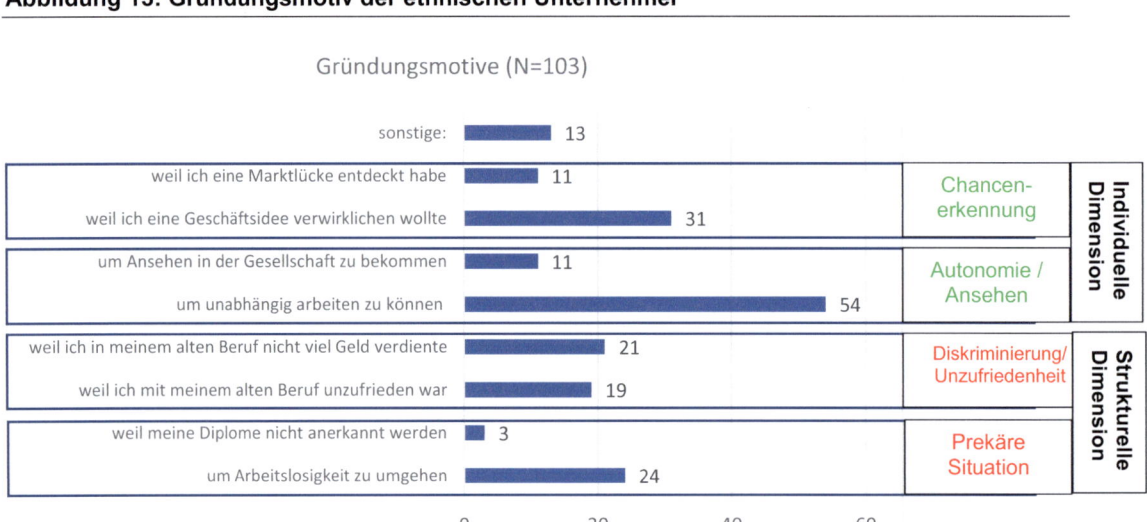

Quelle: Eigene Darstellung

Wie aus der obigen Abbildung ersichtlich ist, gründen die Probanden vorwiegend aufgrund eines Autonomiewunsches, gefolgt von Chancenerkennung, Diskriminierung/Unzufriedenheit und last but not least aufgrund prekärer Situation. Somit überwiegt die individuelle Dimension gegenüber der strukturelle Dimension. Im Groben bestätigen diese Befunde die kürzlich erschienene GEM-Studie über die Schweiz von Baldegger et al. (2012). In ihrem Bericht kommen die Autoren zum Schluss, dass ein überwiegender Anteil (60%) der Migranten aufgrund einer Besserstellung in der Gesellschaft gründet, wohingegen nur 31% aus Notwendigkeit gründet (siehe Kapitel 4.1).

Schaut man die Primärerhebung der vorliegenden Arbeit genauer und differenziert nach Ethnien an, so trifft man auf ähnliche Muster wie in der obigen Abbildung 13. Jedoch ragen die Nennungen der albanischen und türkischen Probanden in der strukturellen Dimension im Vergleich heraus. Vor allem bei den albanischen Probanden ragen die Diskriminierung/Unzufriedenheitsfaktoren heraus: 13 Nennungen für „weil ich in meinem alten Beruf unzufrieden war" und 16 Nennungen für „weil ich in meinem alten Beruf nicht viel Geld verdiente". Bei den türkischen Probanden ragt im Vergleich zu anderen Ethnien mit 13 Nennungen „um Arbeitslosigkeit zu umgehen" heraus (siehe Anhang 3; Abbildung 28).

Diese Ausführungen bestätigen die Hypothese H1.2, worin behauptet wurde, dass die Probanden hauptsächlich Unternehmen gründen, weil sie Geschäftsgelegenheiten wahrnehmen und autonom arbeiten wollen (siehe Kapitel 4.7).

Der Chi-Quadrat-Test (siehe Tabelle 11) zu diesen vier Variablen zeigt zudem, dass es statistisch keinen signifikanten Unterschied unter den Ethnien gibt. Zudem zeigen Cramers V-Werte, dass dabei schwache Zusammenhänge bestehen.

Tabelle 11: Chi-Quadrat-Test der ausgewählten Variablen

	weil ich eine Marktlücke entdeckt habe	weil ich eine Geschäftsidee verwirklichen wollte	um Ansehen in der Gesellschaft zu bekommen	um unabhängig arbeiten zu können
X^2	2.109	0.287	4.235	2.639
CV	0.143	0.053	0.203	0160
P	0.348	0.866	0.120	0.267

Quelle: Eigene Darstellung

Bei einer weiteren Frage in der Primärerhebung ging es darum herauszufinden, mit welchen Gründungshemmnissen die ethnischen Gründer konfrontiert werden. Hierzu standen den Probanden verschiedene Variablen zur Verfügung, welche sie in einer 5er-Skala bewerten sollten. Die Abbildung 14 zeigt die Mittelwerte der Ergebnisse auf, wobei an dieser Stelle erwähnt werde soll, dass die Teilnahme der Probanden pro Variable zwischen 96-99 variiert. Demnach stellt „Bürokratischer Aufwand" das grösste Hemmnis für die ethnischen Gründer dar, gefolgt von „Körperliche/psychische Belastung" sowie „Belastung Familie/Partnerschaft". Auch die Variablen „Kredit/nötiges Kapital zu finden", „Mangelnde kaufmännische Kenntnisse" und „Kenntnis formaler und gesetzlicher Anforderungen" sind tendenzielle Hemmnisse für die ethnischen Gründer.

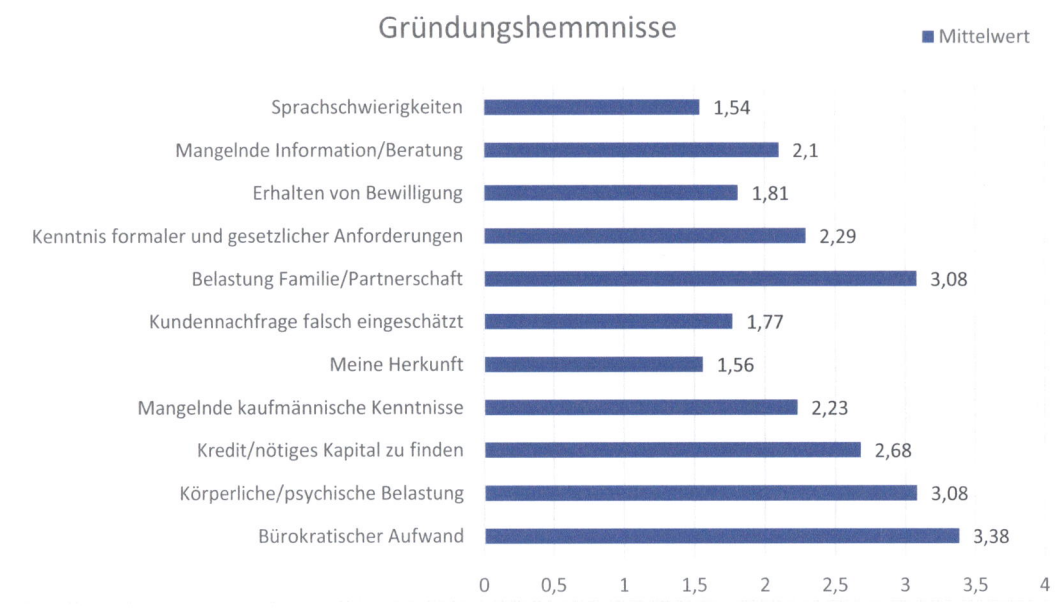

Quelle: Eigene Darstellung

Es scheint angebracht, die in der obigen Abbildung vier meistgenannten Gründungshemmnisse ausführlicher anzuschauen, um herauszufinden, ob signifikante Unterschiede je nach Ethnie bestehen. Hierzu wurden die Antworten zu diesen vier Variablen zum jeweiligen Total Probanden je Gruppe[42] gesetzt, um dabei die Merkmale „trifft ziemlich zu" und „trifft voll zu" zu vergleichen (siehe Anhang 3).

Bürokratischer Aufwand

Die Ergebnisse zeigen, dass die albanischen Unternehmer von diesem Punkt am meisten (46,5% „trifft ziemlich zu"; 18,6% „trifft voll zu") betroffen sind, gefolgt von den türkischen (30,6% „trifft ziemlich zu"; 22,2% „trifft voll zu"). In Vergleich weisen die italienischen Unternehmer tiefe Nennungen (25% „trifft ziemlich zu"; 4,2% „trifft voll zu") auf. Da die albanischen Probanden vorwiegend in Branchen arbeiten, wo um Aufträge geworben wird, kann angenommen werden, dass diese im Vergleich mit einem höheren administrativen Aufwand konfrontiert werden. Da sich im Vergleich viele türkischen Probanden öfters ohne Branchenkenntnis selbständig machen und sie häufig auch schlechter qualifiziert sind, könnte dies zu einer bürokratischen Überforderung führen (siehe Anhang 3; Abbildung 29).

---

[42] Türkische = 36; Albanische = 43; Italienische = 24

Körperliche/psychische Belastung

Die Ergebnisse zu diesem Punkt zeigen, dass die türkischen Unternehmer (38,9% „trifft ziemlich zu"; 16,7% „trifft voll zu") am meisten davon betroffen sind, gefolgt von den albanischen (34,9% „trifft ziemlich zu"; 11,6% „trifft voll zu") und italienischen (16,7% „trifft ziemlich zu"; 8,3% „trifft voll zu"). Ob dies wiederum mit dem tiefen Bildungsniveau, der erhöhten Unternehmenstätigkeit ohne vorherige Branchenerfahrung und weiteren Faktoren zu tun hat, muss in weiteren Forschungen vertiefter untersucht werden (siehe Anhang 3; Abbildung 30).

Belastung Familie/Partnerschaft

Die Ergebnisse zu diesem Punkt zeigen, dass die albanischen Unternehmer (18,6% „trifft ziemlich zu"; 30,2% „trifft voll zu") am meisten davon betroffen sind, gefolgt von den türkischen (11,1% „trifft ziemlich zu"; 19,4% „trifft voll zu") und italienischen (16,7% „trifft ziemlich zu"; 8,3% „trifft voll zu"). In diesem Punkt fallen die hohen Extremwerte der albanischen Probanden besonders auf. Ob dies mit der harten Branchentätigkeit oder erhöhten Arbeitsstunden[43] zu tun hat, bedarf weiterführender Analysen. Erstaunlich ist, dass die türkischen Probanden, welche oft in Unternehmen (Lebensmittel, Imbissbuden) arbeiten, welche mindestens 6 Tage pro Woche offen haben, relativ geringe Extremwerte aufweisen. Evtl. liegt es daran, dass oft Familienmitglieder mitarbeiten und so die Belastung auf mehr Schultern verteilt wird (Anhang 3; Abbildung 31).

Kredit/nötiges Kapital zu finden

Die Ergebnisse zu diesem Punkt zeigen, dass die türkischen (25% „trifft ziemlich zu"; 8,3% „trifft voll zu") Unternehmer am meisten davon betroffen sind, gefolgt von den albanischen (14% „trifft ziemlich zu"; 9,3% „trifft voll zu") und den italienischen (8,3% „trifft ziemlich zu"; 4,2% „trifft voll zu"). Ob dies wiederum mit geringer Qualifikation und Unternehmensgründung ohne Branchenerfahrung oder mit sonstigen Faktoren zusammenhängt, bedarf weiterführender Untersuchungen (siehe Anhang 3; Abbildung 32).

Für die Gründung eines Unternehmens spielen die finanziellen Aspekte eine entscheidende Rolle. So ist es nicht erstaunlich, dass dieser Aspekt in der obigen Abbildung 14 mit einem Wert von 2.68 über dem Mittelwert der Skala (2.5) liegt. Um diesen Punkt besser abzudecken, wurde eine Frage mit Mehrfachnennungen gestellt. Deren Ergebnisse sind in der folgenden Abbildung 15 dargestellt.

---

[43] Die Arbeitsstundenbelastung wird später in der Schatten-Dimension untersucht.

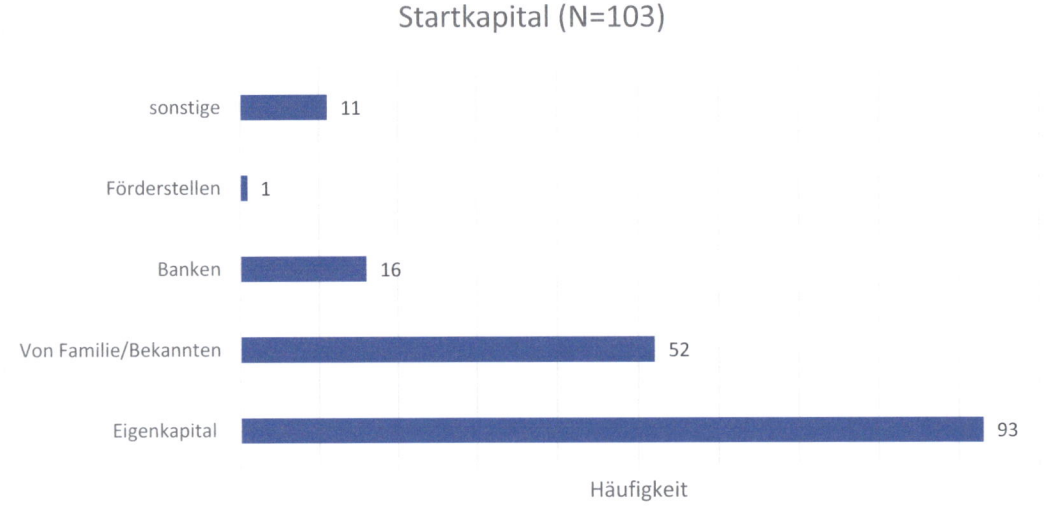

Quelle: Eigene Darstellung

Die obige Abbildung 15 zeigt, wie die Probanden das Startkapital für die Unternehmensgründung beschafft haben. Am meisten wird auf Eigenkapital (93 Nennungen) zurückgegriffen,
gefolgt von Familie/Bekannte (52 Nennungen), Banken (16 Nennungen) und Sonstige (11
Nennungen). Es gibt nur einen Probanden, welcher von Förderstellen diesbezüglich unter-
stützt wurde.

Tabelle 12: Chi-Quadrat-Test für den Zusammenhang zwischen Ethnie und Variablen

	Eigenkapital	Familie/Bekannte	Banken	Förderstellen	Sonstige
X^2	3.295	11.416	7.765	3.324	0.186
CV	0.179	0.333	0.275	0.180	0.043
P	0.193	0.003	0.021	0.190	0.911

Quelle: Eigene Darstellung

Der anschliessende Chi-Quadrat-Test, welcher aufgrund einer Kreuztabelle pro Ethnie
ermittelt wurde, zeigt, dass es bei der finanziellen Unterstützung z. T. statistisch signifikante
Unterschiede in Bezug auf Ethnie und Variable gibt (rote Zahlen in obiger Tabelle). Dieser
Zusammenhang ist jedoch schwach (siehe Cramers V (CV) in der obigen Tabelle). Es sind
vor allem die Albaner (27 Nennungen) und Türken (20 Nennungen), die für das Startkapital
auf ihre Familie oder Bekannte zurückgreifen, während dem die Italiener nur 5 Nennungen
vorweisen. Hingegen greifen Italiener (8 Nennungen) am häufigsten, gefolgt von Türken (6
Nennungen), auf ein Startkapital von Banken zurück. Im Vergleich sind es bei den Albanern

lediglich 3 Nennungen (siehe auch Anhang 3; Tabelle 16). Diese tiefen Nennungen für die institutionelle Finanzierung der ethnischen Gründer bekräftigen die zitierten Aussagen von Meier (2008), welcher erwähnt, dass die ausländischen Gründer von den Banken tendenziell als weniger kreditwürdig angesehen werden. Weiter bestätigen die Ergebnisse die Befunde der GEM-Expertenmeinung (2013), worin die Schweiz im europäischen Durchschnitt hinsichtlich Zugang von Migranten zur Gründungsfinanzierung schlecht abschneidet (siehe Kapitel 3.2.2.2).

Diese Ausführungen bestätigen die Hypothese H2.2 (siehe Kapitel 4.7). Insgesamt zeigen die Ergebnisse, dass die Probanden häufiger auf Familie und Bekannte zurückgreifen als auf Banken und Förderstellen. Zudem zeigen die statistischen Tests, dass es hierbei signifikante Unterschiede unter den Ethnien gibt.

Eine gute Vorbereitung, welche in einem Businessplan schriftlich festgehalten werden sollte, ist essentiell für eine Unternehmensgründung. Lediglich 31 Probanden gaben an, vor der Gründung einen Businessplan erstellt zu haben. Eine differenzierte Betrachtung zeigt, dass es dabei signifikante Unterschiede[44] zwischen den Ethnien gibt: Während dem es bei den albanischen Gründern 20,9% und bei den türkischen 27,8% sind, resultieren bei den italienischen 50% (siehe Anhang 3; Tabelle 19). Es gibt zahlreiche Institutionen/Förderstellen, die bei einer Businessplan-Erstellung helfen könnten. Doch die Ergebnisse zeigen, dass ein überwiegender Anteil der Probanden (72,8%) keine solchen Förderorganisationen kennt (siehe Anhang 3; Tabelle 20). 99% aller Befragten gaben gar an, noch nie Dienstleistungen einer Förderorganisation in Anspruch genommen zu haben. Absolut haben nur 2 Probanden solche Dienstleistungen beansprucht, und die beiden italienischer Herkunft sind (siehe Anhang 3; Tabelle 21). Da dieser Wert sehr tief ist, wurde auf einen statistischen Test verzichtet.

Diese Ausführungen bestätigen die Hypothese H2.1 (siehe Kapitel 0). Die Ergebnisse zeigen deutlich, dass die meisten Probanden keine institutionelle Hilfe bei der Unternehmensgründung beanspruchen.

Aufgrund der obigen Befunde scheinen bei den ethnischen Gründern sowohl finanzielle wie auch sonstige institutionelle Hilfestellungen ein grosses Bedürfnis zu sein. Die Abbildung 16 zeigt diesbezügliche Bedürfnisse der Probanden auf.

---

[44] X^2= 6.827; CV= 0.260; P=0.033

Abbildung 16: Beratungs- bzw. Weiterbildungsbedarf der ethnischen Unternehmer

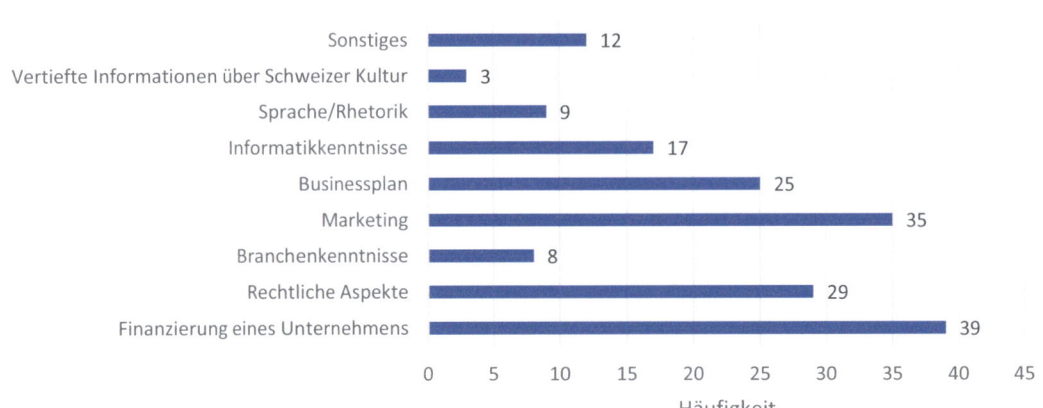

Quelle: Eigene Darstellung

Die Ergebnisse zeigen, dass die Probanden sich am meisten über die „Finanzierung eines Unternehmens", „Marketing", „Rechtliche Aspekte" sowie „Businessplan" informieren sollten. Und die differenzierte Betrachtung pro Ethnie weist darauf hin, dass alle drei Ethnien am meisten Wert auf diese vier Variablen legen, wobei die Reihenfolge je nach Ethnie variiert (siehe Anhang 3; Tabelle 22 bis Tabelle 24).

5.3.4 Kulturelle Dimension

Im Kapitel 4.4 wurde erwähnt, dass die kulturellen Normen und Werte mitunter eine wichtige Rolle für ethnische Gründungen spielen. Daher sollen in diesem Kapitel die hierzu erhaltenen Antworten der Probanden analysiert werden. Dies soll auch Aufschluss darüber geben, ob es hierbei Unterschiede bei den Ethnien gibt.

Einige kulturelle Hinweise wurden bereits in vorangehenden Dimensionen implizit angesprochen. So zeigten bspw. die Resultate im Kapitel 5.3.2, dass die ethnischen Gründer sehr oft auf familiäre Hilfe zurückgreifen. Schaut man hierzu die Herkunft der Mitarbeitenden an (siehe Abbildung 17), so kann festgestellt werden, dass kulturelle Ressourcen sowie familiäre Solidarität eine wichtige Rolle für die Selbständigkeit spielen.

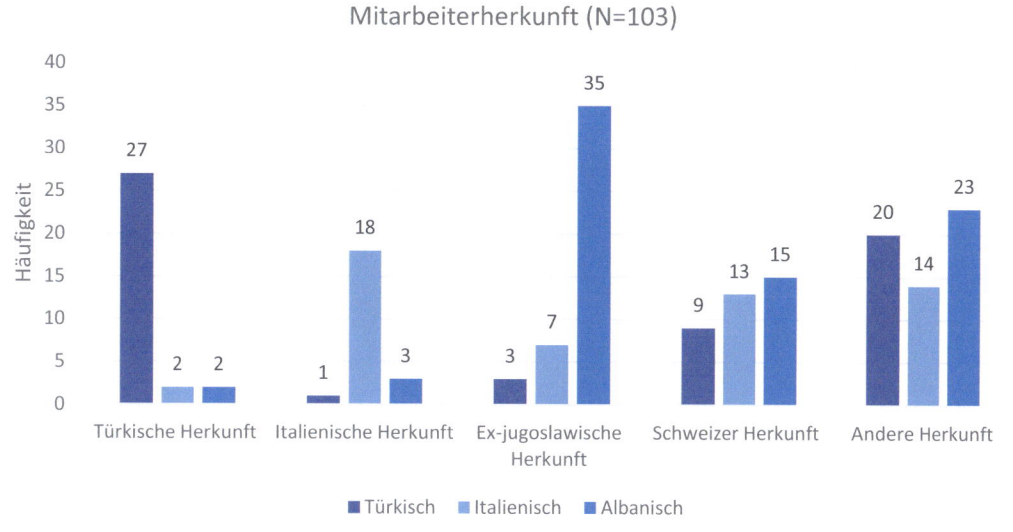

Quelle: Eigene Darstellung

Die obige Darstellung zeigt zunächst, dass die Ethnien primär auf Mitarbeiter aus dem eigenen Kulturkreis zurückgreifen. Jedoch zeigt sie auch, dass auch Mitarbeiter aus anderen Kulturkreisen zugegen sind. Somit ist die im Kapitel 5.3.2 angesprochene Interaktion nicht nur gegenüber der Kundschaft, sondern auch unternehmensintern gegeben.

Für den kulturellen Austausch sind die Sprachkenntnisse sehr wichtig. Dies unterstreichen auch die Ergebnisse dieser Studie. Über die drei Ethnien hinaus werden die Deutschkenntnisse als sehr wichtig für den beruflichen Alltag eingestuft. Auch der Chi-Quadrat-Test (X^2=4.762; P=0.575) zeigt auf, dass es hierbei statistisch keine signifikanten Unterschiede gibt und Cramers-V (0.152) zeigt, dass der Zusammenhang schwach ist (siehe für alle Ausführungen Anhang 4; Tabelle 25). Dies deckt sich auch mit dem Resultat auf die Frage „*Welche Massnahmen erachten Sie für eine gute Integration in die Gesellschaft als notwendig?*":

Welche Massnahmen erachten Sie für eine gute Integration in die Gesellschaft als notwendig? (N=103)

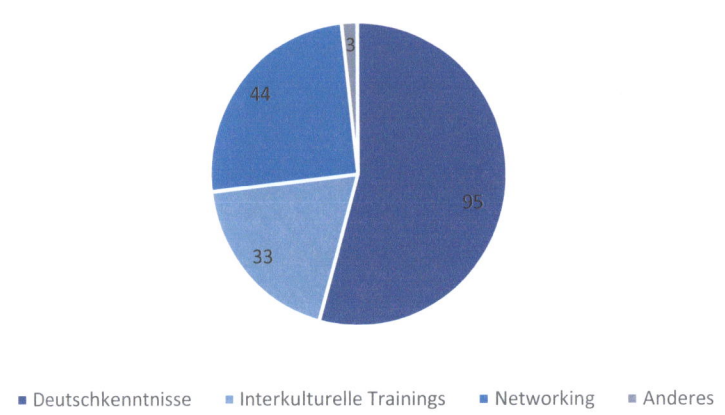

■ Deutschkenntnisse   ■ Interkulturelle Trainings   ■ Networking   ■ Anderes

Quelle: Eigene Darstellung

Die obige Darstellung zeigt, dass die Deutschkenntnisse (95 Nennungen) als wichtigste Massnahme für die Integration erachtet werden. Auch die Werte Networking (44 Nennungen) und Interkulturelle Trainings (33 Nennungen) fallen hoch aus. Ein interessanter Hinweis kommt von einem Probanden in der Auswahl „Anderes": *„Eigene Kultur vermitteln"*. Eine differenzierte Betrachtung pro Ethnie zeigt zudem, dass es bei dieser Frage keinen signifikanten Unterschied gibt, wenn sie in Relation zu den befragten Probanden gesetzt wird (siehe Anhang 4; Abbildung 33).

5.3.5 Individuelle Dimension

Im Kapitel 4.5 wurde erwähnt, dass die Persönlichkeit der ethnischen Gründer, welche von diversen Variablen determiniert ist, ein matchentscheidender Faktor ist, ob sich jemand selbständig macht oder nicht. Daher soll in diesem Kapitel der Swiss Ethnic Unternehmer (SEU) – also die Persönlichkeit – im Zentrum der Analyse stehen. Jedoch soll an dieser Stelle erwähnt werden, dass dieser Aspekt in der Retrospektive im Fragebogen nicht adäquat abgedeckt ist. Zudem wurde festgestellt, dass die Push- und Pullfaktoren nicht klar voneinander getrennt werden können, weshalb beide Aspekte im Kapitel 5.3.3 gemeinsam analysiert wurden.

Einige Variablen, die ebenfalls die individuelle Dimension betreffen, wurden bereits im Kapitel 5.3.1 zusammengefasst. So zeigen die Resultate, dass die albanischen Gründer tendenziell jünger sind als die türkischen und italienischen. Insgesamt kann festgestellt werden, dass die ethnischen Gründer tendenziell jung sind (31,1% sind zwischen 26-35 Jahre alt; siehe Abbildung 9). Der Blick auf den Bildungsstatus zeigt, dass die türkischen Gründer am schlechtesten qualifiziert sind (siehe Kapitel 5.3.1). Befasst man sich genauer mit der Bildung der Probanden, so stellt man fest, dass 68 der Probanden ihren höchsten Abschluss in der Schweiz absolviert haben. Die differenzierte Analyse pro Ethnie zeigt, dass absolut wie auch relativ am meisten albanische Gründer einen Abschluss in der Schweiz erreicht haben (für alle Angaben siehe Anhang 5; Tabelle 27).

Weiter sind, wie an unterschiedlichen Stellen dieser Arbeit vermerkt, die ethnischen Gründer mit gewissen Diskriminierungen oder Unkenntnissen über mögliche Hilfen konfrontiert. Ob solche Diskriminierungen auch im Geschäftsalltag der Probanden zutreffen, zeigt folgende Abbildung:

Abbildung 19: Benachteiligungsgrad der ethnischen Unternehmer

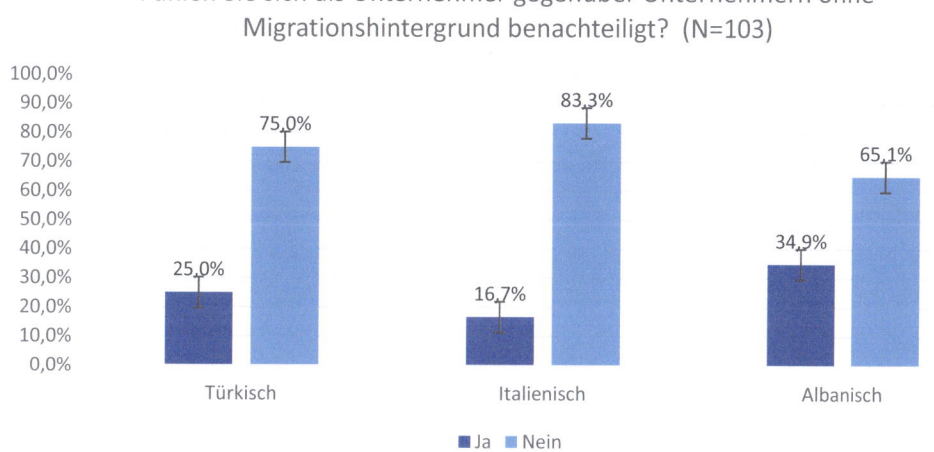

X^2= 2.716; P = 0.257; CV = 0.162

Quelle: Eigene Darstellung

Die obige Abbildung zeigt die Ja/Nein-Anteile der Antworten inkl. Standardfehler (mittlerer Fehler des Mittelwertes). Die Ergebnisse illustrieren, dass sich die Probanden mit hohem Anteil gegenüber einheimischen Unternehmern nicht benachteiligt fühlen. Auch der anschliessende Chi-Quadrat-Test zeigt auf, dass es statistisch keinen signifikanten Unterschied unter den Ethnien gibt. Zudem ist der statistische Zusammenhang schwach (CV = 0.162). Bei Ja-Antworten stand den Probanden die Möglichkeit offen, einen Kommentar zu verfassen. Die Betrachtung zeigt, dass die albanischen Probanden des Öfteren angeben, die

Aufträge nicht zu erhalten. Dies könnte sich daraus erklären, dass die albanischen Probanden vorwiegend in den handwerklichen Branchen tätig sind (siehe Kapitel 5.3.2), wo der Erhalt von Aufträgen essentiell für die Geschäftstätigkeit ist.

> Gemäss diesen Ergebnissen ist die Hypothese H1.1 nicht bestätigt worden. In dieser Untersuchung sind weder die Benachteiligung noch diesbezügliche Unterschiede je nach Ethnie vorhanden.

Die obigen Feststellungen werden auch durch eine Frage in ähnlicher Richtung bestätigt. Gemäss der Frage „*Wie gut fühlen Sie sich in der Schweiz integriert?*", mit einer 5er-Skala, fühlen sich die meisten Probanden gut (51 Nennungen) und sehr gut (49 Nennungen) integriert. Der diesbezügliche Chi-Quadrat-Test (X^2= 10.387; P=0.034) zeigte jedoch, dass es statistisch signifikante Unterschiede je nach Ethnie gibt. Doch Cramers V (0.225) weist darauf hin, dass dieser Zusammenhang schwach ist. Während sich die italienischen Probanden tendenziell sehr gut integriert fühlen, empfinden die albanischen und türkischen Probanden ihre Integration als eher gut (für alle Angaben siehe Anhang 5; Tabelle 28 und Tabelle 29).

5.3.6 Schatten-Dimension

Wie im Kapitel 4.6 erwähnt, weist das Ethnic Business auch negative Seiten aus. Dies sind diverse Determinanten wie prekäre Arbeitsverhältnisse, Parallelgesellschaften oder Konflikte mit der Gesetzgebung. Es ist schwierig, solche Aspekte mit einem Fragebogen abzufragen, denn wer gibt schon von sich aus negative Aspekte preis? Nichtsdestotrotz wurden einige Fragen gestellt, die in diesem Kapitel analysiert werden sollen.

Eine erste Frage in dieser Dimension betrifft die Arbeitszeit. Damit sollen Hinweise auf die Arbeitsbelastung eruiert werden. Die Tabelle 13 zeigt die Resultate, aufgeteilt nach Ethnien und inkl. Chi-Quadrat-Test.

Tabelle 13: Arbeitsstunden der ethnischen Unternehmer

Herkunft * Wie viele Stunden arbeiten Sie im Schnitt pro Woche? Kreuztabelle Anzahl		Wie viele Stunden arbeiten Sie im Schnitt pro Woche?					Gesamt
		< 40 h	40 – 49 h	50 – 59 h	60 – 69 h	>70 h	
Herkunft	Türkisch (N=36)	5.6%	13.9%	27.8%	25.0%	27.8%	100.0%
	Italienisch (N=24)	8.3%	16.7%	33.3%	25.0%	16.7%	100.0%
	Albanisch (N=43)	7.0%	16.3%	32.6%	25.6%	18.6%	100.0%
X^2 = 1.559; CV= 0.087; P= 0.992; N= 103							

Quelle: Eigene Darstellung

Insgesamt zeigen die Resultate, dass die Probanden zwischen 50-69 h pro Woche arbeiten. Dabei gibt es keine signifikanten Unterschiede zwischen den Ethnien. Dies belegt auch der Chi-Quadrat-Test. Zudem zeigt Cramers-V (0.087), dass dieser statistische Zusammenhang schwach ist. Jedoch ragt bei den türkischen Probanden die Nennung für >70 mit 27,8% heraus (rote Zahl in der obigen Tabelle). Dieser hohe Wert, gepaart mit der Erkenntnis, dass unter den türkischen Probanden vergleichsweise viele ohne bzw. mit niedriger Ausbildung zu finden sind und dabei viele ohne Branchenkenntnisse gründen (siehe Kapitel 5.3.1 und 5.3.2), könnte ein erster Hinweis auf eine prekäre Arbeitssituation sein. Doch inwiefern dies zutrifft, muss erst in weiterführenden Studien untersucht werden. Interessant an der Stelle ist die Aussage eines türkischen Probanden[45] hierzu. Er ist der Meinung, dass 9 von 10 türkischen Imbissbuden nur deshalb gegründet werden, weil die Inhaber dem Staat nicht auf der Tasche liegen wollen.

Bei einer weiteren Frage mit Mehrfachnennungen in dieser Dimension ging es darum herauszufinden, ob die Probanden jemals in bestimmte Konflikte verwickelt waren. Damit sollen Hinweise auf prekäre Situationen eruiert werden. Gemäss den Resultaten wurden am meisten Nennungen für „keine Konflikte" (81 Nennungen) gemacht, gefolgt von „Konflikte mit Gesetzgebung" (11 Nennungen) und „Konflikte mit Belegschaft" (9 Nennungen) (Anhang 6; Tabelle 30). Schaut man die letztgenannten drei Konflikte pro Ethnie an, ergibt sich folgendes Bild:

---

[45] Diese Aussagen stammen von einem türkischen Imbissbudeninhaber und ergaben sich aus der Diskussion nach der Datenerhebung während der Begehung der Strassen in Zürich.

Abbildung 20: Konflikte der ethnischen Unternehmer

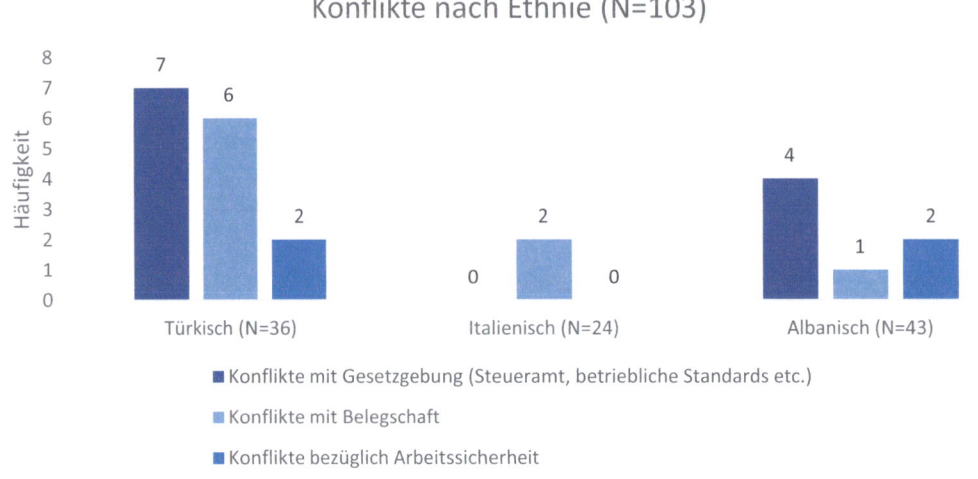

Konflikte nach Ethnie (N=103)

Quelle: Eigene Darstellung

Wie die obige Abbildung erkennen lässt, sind die türkischen Unternehmer im Vergleich öfters in unternehmerische Konflikte verwickelt. Wobei die Konflikte mit der Gesetzgebung und Belegschaft überwiegen. Während bei den albanischen Unternehmern hauptsächlich Konflikte mit der Gesetzgebung genannt wurden, sind es bei den italienischen Befragten Konflikte mit der Belegschaft. Die Resultate zeigen trotz niedrigen Nennungen, dass es durchaus Konflikte bei den ethnischen Unternehmen geben kann. Inwieweit diese Konflikte jedoch einer prekären Situation zuzuordnen sind, bedarf weiterführender Untersuchungen.

Bei der letzten Frage zu dieser Dimension wurden die Probanden gefragt, ob sie rückblickend noch einmal ein Unternehmen gründen würden. Damit soll herausgefunden werden, ob allenfalls eine gewisse Resignation unter den ethnischen Unternehmern vorherrscht. So sollen in Verbindung mit anderen Resultaten eventuelle Hinweise für eine prekäre Situation eruiert werden. Insgesamt zeigen die Ergebnisse, dass ein überwiegender Anteil der Probanden (67%) wieder ein Unternehmen gründen würde (siehe Anhang 6; Tabelle 31). Werden die Ergebnisse umfassender und differenziert nach Ethnie analysiert, ergibt sich folgendes Bild:

Abbildung 21: Retrospektive Unternehmensgründungen von ethnischen Unternehmern

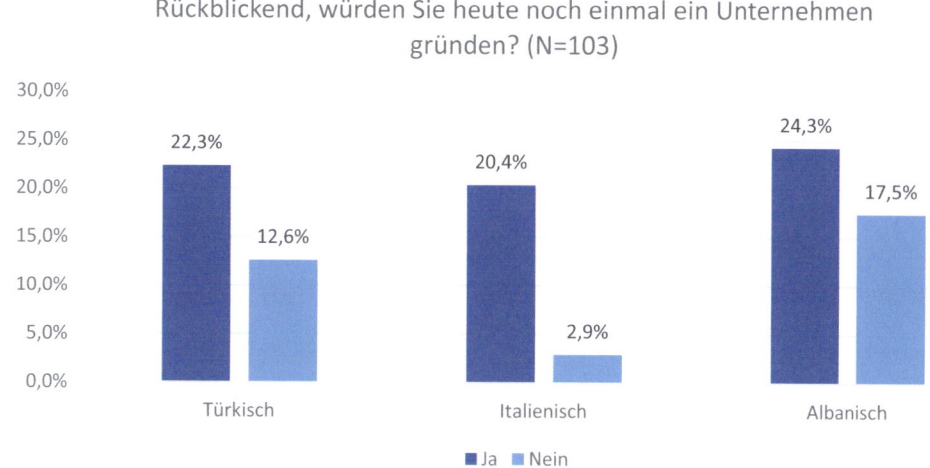

X^2 = 6.245; P = 0.044; CV = 0.246

Quelle: Eigene Darstellung

Die obige Abbildung zeigt, dass es insbesondere bei den Nein-Antworten Unterschiede zwischen den Ethnien gibt. Auch der anschliessende Chi-Quadrat-Test bestätigte, dass diesbezüglich statistisch signifikante Unterschiede bestehen, jedoch ist der Zusammenhang statistisch betrachtet schwach (CV= 0.246). Insbesondere die albanischen (17,5%) und türkischen (12,6%) Unternehmer würden in der Retrospektive nicht gründen. Bei den italienischen Unternehmern sind dies lediglich 2,9%. Dieser signifikante Unterschied zwischen den Ethnien könnte damit erklärt werden: dass die türkischen Unternehmer, wie bereits erwähnt, tendenziell schlechter ausgebildet sind und eine hohe Arbeitsstundenzahl leisten, und dass die albanischen Unternehmer in körperlich harten Branchen arbeiten, welche auf Dauer eine negative Belastung darstellen könnten. Der tiefe Nein-Anteil der italienischen Unternehmer könnte auch damit zusammenhängen, dass sie im Vergleich mit den anderen zwei Ethnien in diversen Branchen arbeiten, welche tendenziell körperlich weniger belastend bzw. arbeitsintensiv sind. Insgesamt bedarf es weiterführender Studien, um zu beurteilen, ob diese Nein-Antworten tatsächlich in einer prekären Situation begründet sind. Nichtsdestotrotz sind diese Ergebnisse, gepaart mit den Ergebnissen der Gründungs-hemmnisse aus der strukturellen Dimension (siehe bspw. Abbildung 14), wo insbesondere die albanischen und türkischen Probanden überdurchschnittliche Nennungen (für bspw. „Körperliche/psychische Belastung" oder „Belastung Familie/Partnerschaft") aufweisen, ein Anzeichen für eine prekäre Situation.

5.4 Kritische Würdigung und Anpassung SwissEB-Modell

In diesem Kapitel soll eine Revue auf den empirischen Teil dieser Arbeit passieren. Dabei sollen die Erkenntnisse kritisch diskutiert und an passenden Stellen ein Bezug zur Theorie hergestellt werden. Der geschichtliche Einstieg in die Empirie in den Kapiteln 5.1.1–5.1.3 hat gezeigt, dass es bei den hier diskutierten drei Ethnien zum Teil unterschiedliche Migrationsgründe gibt. Generell kann festgehalten werden, dass die albanische und die türkische Ethnie ursprünglich vorwiegend aufgrund von Kriegssituationen migriert sind, während bei den italienischen Migranten eher die wirtschaftliche Situation der Auslöser war.

Die Auseinandersetzung mit dem planerischen Vorgang dieser Studie legt nahe, dass eine Primärerhebung gut durchdacht und geplant werden muss. In der Retrospektive waren die Gestaltung des Fragebogens und die Erhebung der Daten mit einem enormen Aufwand verbunden. Obwohl für die Fragebogengestaltung bereits in anderen Arbeiten eingesetzte Fragebogen konsultiert wurden, hat die Erfahrung gezeigt, dass diese nicht ohne weiteres übernommen werden können. Denn jeder Fragebogen hat ein spezifisches Zielpublikum, sowie eine eigene Kultur und diverse Themen zu messen. Insgesamt wurden die Fragebogen zweimal einem Pretest unterzogen. Trotz dieser sorgfältigen Vorbereitung muss im Nachhinein festgestellt werden, dass einige Items anders gestaltet hätten werden können. So wäre bspw. für das Item bezüglich Gründungsmotive eine Skala besser geeignet gewesen. So wären statistisch bessere Messungen möglich gewesen. Eine weitere Schwierigkeit hat sich bei den Probanden bzw. bei der Datensammlung gezeigt: Die Grundmenge konnte nicht eruiert werden. Trotzdem hat sich die Aktensammlung schwieriger gestaltet als angenommen. Da viele der ermittelten bzw. erhaltenen Datensätze keine E-Mail-Adresse aufwiesen, musste eine mühsame Internetrecherche durchgeführt werden. Viele Probanden mussten postalisch angesprochen werden, was nebst einem enormen zeitlichen auch einen hohen finanziellen Aufwand verursacht hat. Insgesamt war die Rücklaufquote der per E-Mail angesprochenen Probanden erfolgreicher als die mit Postversand. Dies wurde bereits von Kornmeier (2007) diskutiert (siehe Kapitel 5.4.2).

Insgesamt konnten 105 Teilnahmen erreicht werden, wovon 2 ungültig waren. Die anschliessende soziodemografische Analyse hat aufgezeigt, dass die albanischen Unternehmer am jüngsten sind, gefolgt von den türkischen und den italienischen. Diese Reihenfolge korreliert auch ziemlich mit dem Reifegrad der jeweiligen Ethnie. Da zuerst die Italiener in die Schweiz kamen und diese daher länger in der Schweiz leben, kann davon ausgegangen werden, dass sie tendenziell auch älter sind. Dies gilt auch für die hohe Geburtenrate der italienischen Probanden in der Schweiz. Hingegen besitzen am meisten albanische Probanden den Schweizer Pass, gefolgt von den türkischen und italienischen. Diese Reihenfolge könnte ebenfalls mit dem Reifegrad der Ethnien erklärt werden: Da jene, welche seit längerem in der Schweiz leben, tendenziell eher den C-Ausweis besitzen, was – wie wir im Kapitel 4.3 gesehen haben – vielfach ein Schlüsselelement für die ethnische Selbständigkeit darstellt. Ein weiteres Indiz hierfür könnte sein, dass die italienischen Probanden mit ihrem EU-Pass sowieso sehr gut dastehen und daher die Schweizer Bürgschaft im Vergleich eher weniger anstreben.

Die Ergebnisse in der funktionalen Dimension zeigen, dass die ethnischen Unternehmer, insbesondere die albanischen und türkischen, in bestimmten Branchen gründen. Auffallend ist, dass trotz hohem Tertiärabschluss-Anteil (insgesamt 9) unter den türkischen Probanden relativ viele in eintrittsniedrigen Branchen wie Gastronomie & Imbissbuden vertreten sind. Ähnliche Hinweise wurden auch in den Arbeiten von Tolciu, et al. (2010) aus Deutschland festgestellt (sieh Kapitel 3.2.2.1). Weiter widerspricht die Branchenverteilung der Probanden, mit Ausnahme der italienischen Ethnie, den im Kapitel 3.2.2 diskutierten Befunden der OECD-Studie (2010), wonach die ethnischen Unternehmer über die traditionellen Branchen hinaus gründen. Zumindest trifft dies, so zeigen die Resultate dieser Studie, in der Schweiz nicht zu. Weiter haben die Ergebnisse aufgezeigt, dass die meisten ethnischen Unternehmen Kleinst- bis Kleinunternehmen sind. Nichtsdestotrotz zeigen weiterführende Resultate in dieser Dimension, dass die ethnischen Unternehmen sowohl einen volkswirtschaftlichen als auch einen gesellschaftlichen Beitrag leisten. Zu diesem Ergebnis kommen u. a. auch die Autoren Desiderio & Salt (2010) sowie Baldegger et al. (2012) (siehe auch Kapitel 3.2.2 und 4.1).

Die Auseinandersetzung mit den Ergebnissen zu der strukturellen Dimension hat in der Retrospektive aufgezeigt, dass die Pull- und Pushfaktoren, entgegen der Aufteilung im SwissEB-Modell (siehe Kapitel 3.3), nicht voneinander getrennt analysiert werden können. Generell haben die Resultate in dieser Dimension aufgezeigt, dass die ethnischen Gründer vorwiegend aufgrund von Autonomie & Gelegenheitswahrnehmung gründen, was positiv zu werten ist. Nichtsdestotrotz zeigen die Resultate, dass diese Gründer mit unterschiedlichen strukturellen Hemmnissen konfrontiert sind. Diese Unterschiede fallen z. T. je nach Ethnie signifikant aus, wobei die türkische und die albanische Ethnie vorwiegend mit diesen Hemmnissen konfrontiert sind. Als einflussreichste Hemmnisse wurden „Bürokratischer Aufwand", „Körperliche/psychische Belastung", „Belastung Familie/Partnerschaft" und „Kredit/nötiges Kapital zu finden" eruiert. Der letztgenannte Aspekt wird mit den Ergebnissen zum Startkapital untermauert, wonach die meisten Probanden diesbezüglich eher auf die Familie zurückgreifen. Womöglich hängt das damit zusammen, dass sie von den Banken nicht finanziert werden. Hierzu meinte ein Proband[46] während der Datensammlung, dass heutzutage kleine Betriebe wie Imbissbuden oder eine Bar per se nicht finanziert werden. Diese finanziellen Hürden könnten gleichzeitig eine Erklärung für die Branchenkonzentration von Migranten, analog der Befunde von Suter, et al. (2003-2006) (siehe Kapitel 4.3), in Branchen mit geringen Einstiegskosten sein. Weiter zeigen die Ergebnisse, das die ethnischen Probanden einen hohen Bedarf an Beratung und unternehmerischer Ausbildung haben. Generell bekräftigen diese Befunde die eingangs zitierten Aussagen von Schuleri-Hartje & Floeting (2004) im Kapitel 1.1 sowie die von Floeting, et al. (2005) im Kapitel 4.3, wonach der institutionelle Weg bei der Unternehmensgründung für Migranten steinig ist. Insgesamt kann aufgrund der Ergebnisse in dieser Dimension behauptet werden, dass die Ethnien bei der Unternehmungsgründung mit unterschiedlichen Gründungshemmnissen und Barrieren konfrontiert sind. Somit wird die kürzlich erschienene GEM-Expertenmeinung, wonach die Schweiz diesbezüglich schlecht abschneidet, bestätigt (siehe u. a. Kapitel 3.2.2.2). Insgesamt zeigen die Resultate, dass die institutionellen bzw. strukturellen Barrieren[47] grundsätzlich eine Wirkung auf die Unternehmensgründung von Migranten haben. Dies zeigt bspw. auch das folgende Streudiagramm: Die meisten Probanden leben zwischen 18 und 25 Jahren in der Schweiz, wobei die Unternehmensgründung zwischen den Jahren 1998 und 2010 stattgefunden hat (siehe rotes Kästchen).

---

[46] Dieser ist italienischer Herkunft und betreibt seit über 20 Jahren ein Bistro in Baden.
[47] Für eine Unternehmensgründung ist bspw. grundsätzlich der C-Ausweis ein Schlüsselvoraussetzung, der für gewisse Ethnien erst nach mindestens 10-jährigem Aufenthalt in der Schweiz erreicht wird.

Abbildung 22: Streudiagramm zur Regression Unternehmensgründung und Aufenthaltsdauer in der Schweiz

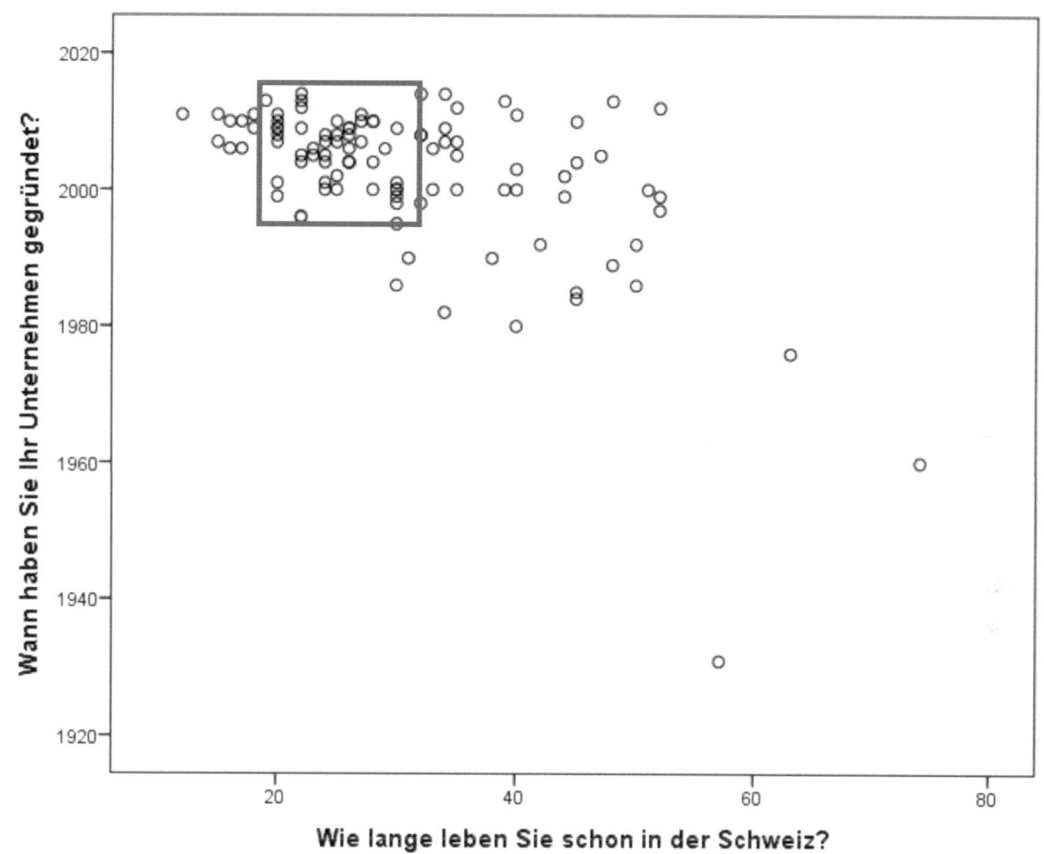

Bekanntlich ist es schwierig, kulturelle Aspekte adäquat zu erfassen. Dies kann in der Retrospektive bestätigt werden. Diese Dimension bedarf gezielter Fragen, welche bspw. dem kulturellen Background der Ethnien einerseits und der hiesigen Kultur anderseits besser nachgehen. Nichtsdestotrotz zeigen die Resultate zu dieser Dimension, dass das ethnische Unternehmertum nicht nur einen wirtschaftlichen Benefiz, sondern auch eine gesellschaftliche Bedeutung aufweist. Es fördert die Interaktion nicht nur zwischen den Ethnien, sondern auch gegenüber den Einheimischen massiv. Insgesamt zeigen die Ergebnisse in dieser Dimension, dass kulturelle Aspekte wie Sprache, Netzwerk und familiäre Hilfe wichtig sind. Somit werden u. a. die Autoren Schuleri-Hartje & Floeting (2004) bestätigt, welche in die gleiche Richtung argumentieren (siehe Kapitel 4.4).

Bei der Ergebnisanalyse wurde, wie bereits erwähnt, festgestellt, dass die ursprünglich gemäss SwissEB-Modell der individuellen Dimension zugeteilten Pullfaktoren nicht von den

Pushfaktoren getrennt betrachtet werden können. Deswegen sind einige in dieser Dimension gestellten Fragen bereits in der strukturellen Dimension analysiert. Zudem kann im Nachhinein behauptet werden, dass für diese Dimension tiefenpsychologische Analysen bzw. Interviews besser geeignet wären, um die Gründungsmotive, welche in der Person liegen, zu eruieren. Dennoch haben die restlichen Fragen in dieser Dimension, z. T. in Verbindung mit den Resultaten aus den anderen Dimensionen, interessante Hinweise geliefert: So weisen etwa die meisten albanische Unternehmer einen Schulabschluss aus. Dies korreliert auch ziemlich mit dem Alter der Probanden in der jeweiligen Gruppe. Denn wie bereits in den soziodemografischen Auseinandersetzungen festgestellt wurde, sind die albanischen Probanden tendenziell jünger. So darf von den Jungen eher ein Abschluss in der Schweiz erwartet werden als von den älteren Probanden. Weiter haben die Resultate in dieser Dimension gezeigt, dass die Probanden über alle drei Ethnien hinaus sich gegenüber den einheimischen Unternehmern nicht benachteiligt fühlen. Dies ist erfreulich, jedoch wäre es viel interessanter, wenn diese Frage auch den einheimischen Unternehmern gestellt würde. So hätte man vergleichen können, wie die Befindlichkeiten diesbezüglich liegen. Insbesondere zeigen die Ergebnisse in dieser Dimension, dass die ethnischen Gründer tendenziell jünger sind und das Bildungsniveau je nach Ethnie signifikant unterschiedlich ist. Zudem fühlen sie sich im Wettbewerb mit den Einheimischen eindeutig nicht benachteiligt und fühlen sich in der Schweiz gut bis sehr gut integriert[48]. Diese Befunde, gepaart mit Befunden in anderen Dimensionen – bspw. viele junge albanische Unternehmer, viele Gründungen insbesondere durch die türkische Ethnie ohne vorherige Branchenkenntnisse und mit schlechter Ausbildung, trotz Schwierigkeiten bzw. Hemmnissen wie knapper finanzieller Ausstattung bei der Gründungsphase – legen nahe, dass die ethnischen Gründer risikobereite Personen sind. Dies wurde bereits in der Definition für diese Arbeit festgehalten (siehe Kapitel 2.5).

Die Schattenseiten der unternehmerischen Tätigkeit sind, wie in vielen anderen Situationen auch, schwierig zu erfassen. Trotzdem haben die Fragen in dieser Dimension, z. T. in Verbindung mit Resultaten aus den anderen Dimensionen, sehr gute Hinweise geliefert. So zeigt sich bspw., dass eine extreme Arbeitsleistung (>70 Stunden/Woche) bei den türkischen Probanden, gepaart mit einer zuvor erwähnten Unternehmensgründung ohne Branchenkenntnisse bzw. mit schlechtem Ausbildungsniveau, einen ersten Hinweis auf eine prekäre Situation geben kann. Diese Annahme wird auch durch Befunde verstärkt, wonach die türkischen Probanden im Vergleich mit anderen Ethnien viel öfter gesetzliche Probleme oder

---

[48] Wobei hier die Probanden evtl. vom sozial Erwünschten beeinflusst sind. Wie stark dieser Effekt ist, muss in weiteren Untersuchungen überprüft werden.

Konflikte mit ihrer Belegschaft haben. Jedoch soll erwähnt sein, dass diese Annahmen mit Spekulationen behaftet sind, welche weiterführender Untersuchungen bedürfen. Somit werden die im Kapitel 4.6 zitierten Aussagen von Haberfellner (2011) bestätigt, welche solchen Annahmen einen spekulativen Charakter zuschreiben, was genauere empirische Untersuchungen nötig macht. Zudem kann, wie u. a. Volery (2007) sagt, eine prekäre Situation nicht nur in den strukturellen und persönlichen Faktoren der Migranten begründet sein. Denn der ökonomische Aufstieg, welcher mit der Selbständigkeit erwartet wird, hängt auch stark mit den sozialen und institutionellen Möglichkeiten zusammen, welche in einem Land vorherrschen (siehe Kapitel 4.6).

An dieser Stelle soll darauf hingewiesen werden, dass die Untersuchung im Rahmen dieser Arbeit mit gewissen Limitationen behaftet ist. Erstens ist die Stichprobe tendenziell klein, und signifikante Aussagen bzw. Tests sind mit geringen Samples schwierig. Zweitens könnten die Resultate evtl. nicht repräsentativ für alle Ethnien sein, weil jede Ethnie unterschiedliche Determinanten hat und eine grössere Stichprobe hierfür angebracht wäre. Zudem wurde bei dieser Untersuchung auf die Deutschschweiz beschränkt geforscht. Eine gesamtschweizerische Erhebung hätte u. a. eventuell regionale Unterschiede zutage bringen können.

Aufgrund der obigen Feststellungen wurde das im Kapitel 3.3 abgebildeter SwissEB-Modell in einigen Punkten angepasst und folgendermassen neu dargestellt:

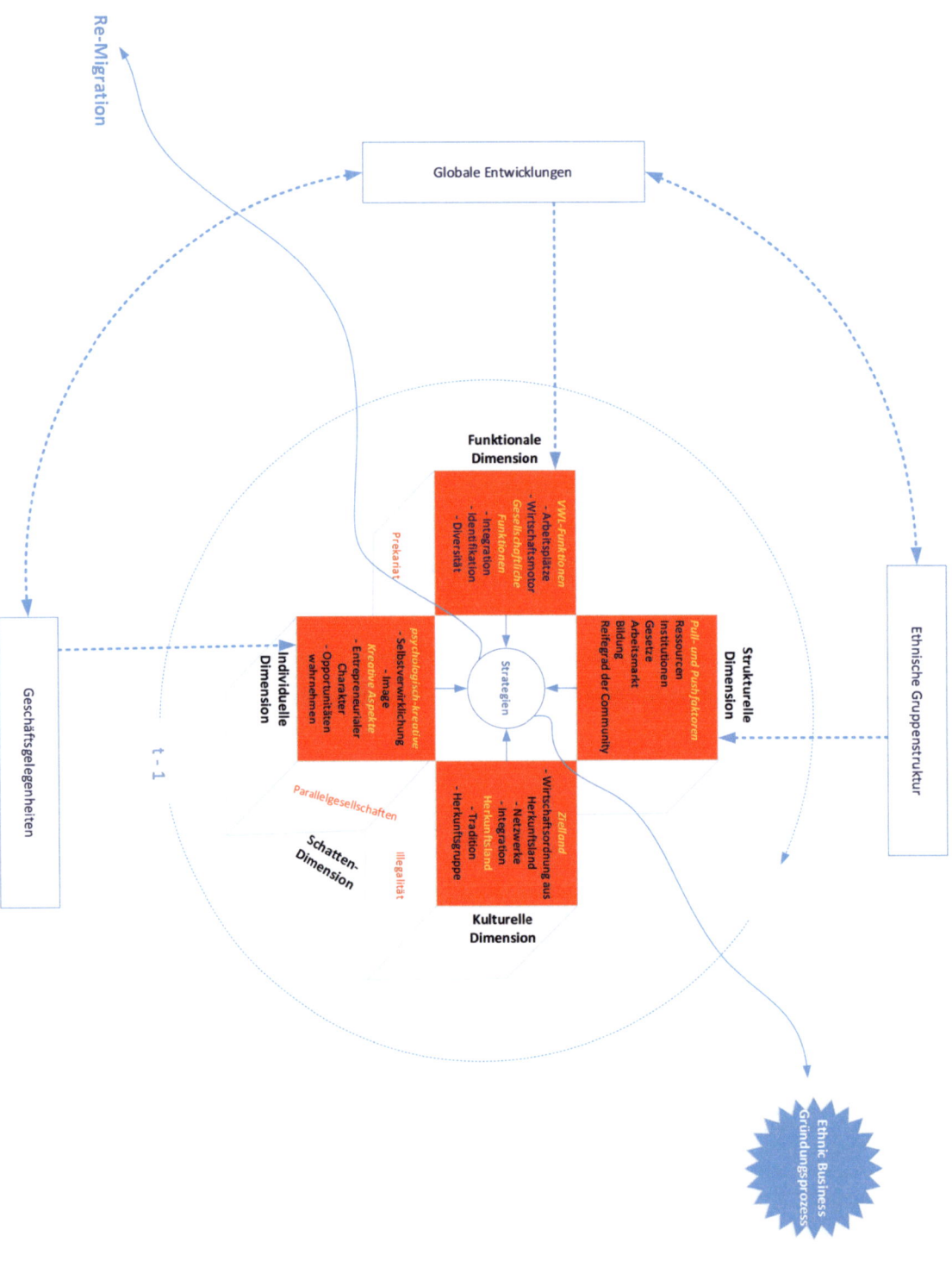

Quelle: Eigene Darstellung

6 Fazit und Empfehlungen

Geleitet von zwei Forschungsfragen wurde diese Forschungsarbeit vor rund 5 Monaten gestartet. Mit zunehmender Auseinandersetzung mit der Literatur wurde klar, dass es sich hierbei um ein komplexes Feld handelt, wo zahlreiche Disziplinen wie Psychologie, Soziologie, Volkswirtschaft usw. eine Rolle spielen. Dies machte sich in der begrifflichen Vielfalt sowie in den zahlreichen Modellen und Ansätzen bemerkbar. Daher wurden zunächst aus der Theorie deduktiv Begriffe erarbeitet und ein Modell abgeleitet, welches den schweizerischen Gegebenheiten besser entspricht. Dies half zunächst, das Ethnic Business in der Schweiz strukturiert zu analysieren und Hypothesen zu bilden. Dieses Modell wurde auch erstmals im Rahmen dieser Studie eingesetzt, worauf einige Variablen angepasst wurden. Dennoch es ist notwendig, diese in weiterführenden Studien einzusetzen, um ihre Validität zu prüfen.

Drei Viertel der aus der Theorie gebildeten Hypothesen wurden in der Empirie bestätigt. So ist es erfreulich, dass die Swiss Ethnic Unternehmer (SEU) aufgrund von Chancenerkennung und Autonomiewunsch gründen. Trotzdem sind SEU, insbesondere jene albanischer und türkischer Herkunft, mit unterschiedlichen Barrieren und Hemmnissen wie bürokratischem Aufwand, nötigem Startkapital oder psychischen/physischen Belastungen konfrontiert. Dies deckt sich auch mit den Befunden von Suter et al. (2003-2006), wonach die ethnischen Gründer mit höheren institutionellen Hürden konfrontiert sind. Insgesamt zeigen die Resultate, dass jede Ethnie unterschiedlich davon betroffen ist, weil sie offensichtlich unterschiedliche Herangehensweisen bei der Nutzung von Geschäftsgelegenheiten einerseits und bei der Nutzung von Ressourcen (soziale, ethnische, finanzielle, schulische etc.) andererseits haben. Ähnliche Befunde wurden, wie im Kapitel 3.2.1 erfahren, auch von Chand & Ghorbani (2011) erkannt. Weiter zeigen die Resultate, dass eine Person oder eine Gruppe, je länger sie schon in der Schweiz und je mehr sie mit grundlegenden Ressourcen wie Finanzen, Netzwerk usw. ausgestattet ist, umso weniger mit den beschriebenen Gründungshemmnissen konfrontiert ist. Dies bestätigt die Konvergenzhypothese von Piguet & Benson (2000), wobei ähnliche Hinweise u. a. auch von Brixy, et al. (2013) sowie Suter et al. (2003-2006) erwähnt werden (siehe Kapitel 3.2.2 und 4.1).

Aufgrund der theoretischen Grundlagen sowie der Ergebnisse der empirischen Untersuchung wird deutlich, dass die SEU mit diversen Barrieren und Besonderheiten konfrontiert bzw. ausgestattet sind, und dass seitens der Politik/Gesellschaft sowie der Forschung Handlungsbedarf besteht, um deren Potential und Vorzüge besser zu nutzen. Dazu sind im Folgenden einige Empfehlungen aufgelistet:

Empfehlungen für Politik & Gesellschaft

- **Spezifische Beratungsangebote**, welche die Bedürfnisse der Zielgruppe kompetent abdecken. So soll eine Unternehmensgründung durchdacht stattfinden und je nach Gegebenheiten auch von einer Gründung abgeraten werden.

- **Politische Kampagnen**, die das Image und den Nutzen der SEU & SEB für die Schweiz öffentlich thematisieren und fördern.

- **Hilfestellung für niedrig Qualifizierte** anbieten. Die Ergebnisse der Studie haben aufgezeigt, dass die ethnischen Unternehmensgründer unter anderem mit gewissen Hemmnissen konfrontiert sind, welche auf Dauer evtl. eine prekäre Situation auslösen können. Zudem haben die Ergebnisse gezeigt, dass die SEU Bedarf an unternehmerischer Weiterbildung haben und diesbezüglich Wünsche äussern.

- **Finanzieller Support** der potentiellen SEU. Die Ergebnisse haben gezeigt, dass der betreffende institutionelle Weg steinig ist.

- **Coaching- & Mentoring-Programme**, welche die Interaktion unter den erfolgreichen SEU einer jeweiligen Ethnie einerseits und mit den einheimischen Unternehmern andererseits ermöglichen.

- **Aufbau neuer Netzwerke.** Die Ergebnisse haben klar aufgezeigt, wie wichtig die (sozialen) Ressourcen für die SEU sind. Evtl. können bestehende ethnische Netzwerke mit den einheimischen gekoppelt werden.

Empfehlungen für die Forschung

- **Erweiterung dieser Studie mit qualitativer Forschung.** Damit können die Schwächen einer Methode mit den Stärken der anderen ausgeglichen werden. Zudem gibt es im SwissEB-Modell einige Aspekte, die besser mit qualitativer Sozialforschung erhoben werden können.

- **Erweiterung der gebildeten Oberhypothesen** H1 und H2 mit weiteren operationalisierenden Unterhypothesen. Im Rahmen dieser Arbeit wurden je zwei Unterhypothesen dazu gebildet. Diese können beliebig und je nach Untersuchungskontext erweitert werden.

- **Erweiterung der Studie mit mehr Probanden.** So können die Ergebnisse repräsentativer werden und die Schlüsse daraus valider.

- **Umfangreichere Untersuchungen pro Ethnie.** Die Ergebnisse haben aufgezeigt, dass es unterschiedliche Motive und Herangehensweisen je nach Ethnie gibt. So können ethnienspezifischere Aussagen gemacht und Erkenntnisse gewonnen werden.

- **Einsatz des entwickelten SwissEB-Modells in weiterführenden Untersuchungen.** Diese Arbeit hat nahegelegt, dass jedes Land eigentypische Strukturen hat, welche die ethnischen Gründungen beeinflussen. Daher wurde im Rahmen dieser Arbeit ein eigenes Modell entwickelt, welches die Schweizer Gegebenheiten in diesem Kontext adäquat erfasst. Dieses Modell sollte noch in weiterführenden Studien eingesetzt werden, damit es mehr Gültigkeit erhalten kann.

- **Einsatz des entwickelten SwissEB-Modells in anderen Ländern.** Obwohl dieses Modell explizit für die Schweizer Gegebenheiten entwickelt wurde, ist es mit seinem konzeptionellen Charakter durchaus geeignet, in anderen Ländern eingesetzt zu werden. Evtl. müsste man die Variablen der Dimensionen entsprechend den Landesgegebenheiten anpassen.

- **Statistische Erklärung des SwissEB-Modells bzw. von dessen Variablen.** Damit kann dieses Modell theoretisch-statistisch erklärt werden und die Einwirkung von zahlreichen Variablen in den jeweiligen Dimensionen und dann über die Dimensionen hinaus kann überprüft werden. Dies könnte bspw. in Rahmen einer Dissertation anvisiert werden.

- **Gesamtschweizerische Erhebungen.** Dieser Aspekt wurde im Rahmen dieser Arbeit nicht berücksichtigt, weil lediglich die Deutschschweiz als Untersuchungsregion definiert wurde. Einige Theorien verweisen bereits auf regionale Unterschiede. So könnte bspw. herausgefunden werden, mit welchen Hemmnissen und Barrieren die SEU in der italienischen und französischen Schweiz konfrontiert sind.

- **Interdisziplinäre Forschungsarbeiten.** Sowohl die theoretische Auseinandersetzung wie auch die empirische Erhebung legen nahe, dass es sich hierbei um einen komplexen und über die Disziplinen hinausragenden Kontext handelt. Nur so kann das Zusammenwirken unterschiedlicher Determinanten verstanden werden.

Trotz gewisser Limitationen hat die vorliegende Studie einen Beitrag in der eingangs erwähnten Forschungslücke in diesem Kontext geliefert. Ganz im Sinne des zu Beginn definierten SEB wurde in dieser Arbeit geforscht, begründet und es wurden Massnahmen vorgeschlagen. So wurden die beiden Forschungsfragen sowohl durch die theoretische Auseinandersetzung als auch durch die empirische Untersuchung beantwortet. Nichtsdestotrotz sollten in diesem Kontext weitere Untersuchungen stattfinden, um besser zu verstehen, mit welchen Barrieren und Hemmnissen die Swiss Ethnic Unternehmer SEU in diesem Land konfrontiert sind. Denn nur so kann ihnen adäquat geholfen werden, ihr Potential besser auszuschöpfen.

Literaturverzeichnis

2ask, 2014. *Leitfaden für die Erstellung eines Fragebogens,* Konstanz: 2ask.

Abrahamson, M., 1996. rban Enclaves: Identity and Place in America. *Contemporary Sociology. American Sociological Association,* o.A. November, pp. 781-782.

Andrea Tognina und Agenturen, 2003. *Das Jahrhundert der Italiener,* o.A.: swissinfo.

AuG, 2005. *Bundesgesetz über die Ausländerinnen und Ausländer,* Bern: Bund.

Baldegger, R. et al., 2012. *Global Entrepreneurship Monitor 2012 - Report on Switzerland,* o.a.: HES-SO, ETH Zürich, SUPSI.

Barrett, G., Jones, P. T. & McEnvoy, D., 1996. Ethnic minority business: theoretical discourse in Britain and North America. *Urban Studies,* 33(4-5), pp. 783-809.

Basu, A. & Altinay, E., 2002. *The interaction between culture and entrepreneurship in London's immigrant business,* Whiteknights: Henley Business School.

Baycan-Levent, T. & Nijkamp, P., 2009. Characterictics of migrant entrepreneurship in Europe. *Entrepreneurship & Regional Development: An International Journal,* 23 Juli, pp. 375-397.

BFM, 2011. *Ausweis C EU/EFTA (Niederlassungsbewilligung).* [Online] Available at: https://www.bfm.admin.ch/content/bfm/de/home/themen/aufenthalt/eu_efta/ausweis_c_eu_eft a.html [Zugriff am 17 März 2014].

BFS , 2012. *www.bfs.admin.ch.* [Online] Available at: http://www.bfs.admin.ch/bfs/portal/de/index/themen/01/07/blank/key/01/01.html [Zugriff am 03 Mai 2014].

BFS, 2006. *Selbständige Erwerbstätigkeit in der Schweiz - Eine Untersuchung zu den Ergebnissen der Schweizerischen Arbeitskräfteerhebung,* Neuchatel: BFS.

BFS, 2008. *Ausländerinnen und Ausländer in der Schweiz - Definitionen und Quellen,* Neuchatel: Bundesamt für Statistik.

BFS, 2013. *Die Bevölkerung der Schweiz,* Neuchatel: Bundesamt für Statistik.

BFS, 2014. *http://www.bfs.admin.ch.* [Online] Available at: http://www.bfs.admin.ch/bfs/ portal/de/index/themen/01/07/blank/ind43.indicator.43053.430108.html [Zugriff am 16 März 2014].

Blalock, M. H., 1967. *Toward a Theory of Minority-Group Relations,* New York: Wiley.

Blaschke, J. & Ersöz, A., 1987. *Herkunft und Geschäftsaufnahme türkischer Kleingewerbetreibender in Berlin.* Berlin: Express-Edition.

Blashke, J., 2001. *Ausgrenzung und Integration in der ethnischen Ökonomie Berlins.* Berlin, Europäischen Migrationszentrum.

Blockson, C. L., 2008. *What is Minority (ethnic) Entrepreneurship?.* [Online] Available at: http://www.docslide.com/what-is-minority-ethnic-entrepreneurship/#[Zugriff am 28 Februar 2014].

Blum, U. & Frank, L., 2001. *Entrepreneurship und Unternehmertum.* Wiesbaden: Gabler Verlag.

Bögenhold, D., 1989. Die Berufspassage in das Uternehmertum. Theoretische und empirische Befunde zum sozialen Prozess von Frimengründungen.. *Zeitschrift für Soziologie* , pp. 263-281.

Bonacich, E., 1973. A Theory of Middleman Minorities. *American Sociological Review*, Oktober, pp. 583-594.

Bonacich, E. & Modell, J., 1980. *The economic basis of ethnic solidarity: Small businesses in the Japanese American community.* Los Angeles: University of California Press.

Brixy, U., Sternberg, R. & Vorderwülbecke, A., 2013. *Unternehmensgründungen durch Migranten,* Nürnberg: Institut für Arbeitsmarkt- und Berufsforschung.

Bühner, M., 2004. *Einführung in die Test- und Fragebogenkonstruktion.* München: Pearson Education.

Bühner, M., 2011. *Einführung in die Test- und Fragebogenkonstruktion.* 3. Hrsg. München: Pearson Education Deutschlang GmbH.

Bukow, W.-D., 1993. *Leben in der multikulturellen Gesellschaft - Die Entstehung kleiner Unternehmer und die Schwierigkeiten im Umgang mit ethnischen Minderheiten.* Opladen: Westdeutscher Verlag.

Bundesamt für Migration, 2012. *Migrationsbericht 2012,* Bern: Bundesamt für Migration.

Burri Sharani, B. et al., 2010. *Die kosovarische Bevölkerung in der Schweiz,* Bern-Wabern: BFM.

Casson, M., 2005. Entrepreneurship and the theory of the firm. *Organization, Journal of Economic Behavior & Organisation*, 1 Oktober, pp. 327-348.

Cavusgil, T. et al., 2011. *International ethnic entrepreneurship.* International Business Review, Volume 20, Issue 6, S. 591-592 Hrsg. s.l.:Elsevier.

Chand, M. & Ghorbani, M., 2011. *National culture, networks and ethnic entrepreneurship: A comparison of the Indian and Chinese immigrants in the US,* s.l.: International Business Review.

Clark, K. & Drikwater, S., 2000. Pushed out or pulled in? Self-employment among ethnic minorities in England and Wales. *Labour Economics*, p. 603–628.

Damelang, A. S. M. & Stiler, S., 2010. Die ökonomischen Potentiale kultureller Vielfalt: Eine Standortbestimmung deutscher Großstädte. *Sozialer Fortschritt*, pp. 7-16.

Desiderio, V. & Salt, J., 2010. *Main findings of the conference on etrepreneurship and employment creation of immigrants in OECD countries,* Paris: OECD.

Die Volkswirtschaft, 2007. *Selbständig Erwerbstätige in der Schweiz - Anzahl und Anteile ausgewählter Herkunftsgruppen,* Bern: Staatssekretariat für Wirtschaft.

Douglas, M. K. & Saenz, R., 2008. Middleman Minorities. In: W. A. Darity, Hrsg. *International Encylopedia of The Social Sciences.* 2 Hrsg. Detroit: Macmillan Reference USA, pp. 147-148.

Drucker, P., 1999. *Innovation and Entrepreneurship: Practice and Principles.* revised edn Hrsg. Oxford: Butterworth-Heinemann.

Duden, 2014. *Duden.* [Online] Available at: https://www.duden.de/rechtschreibung/ Entrepreneur [Zugriff am 26 Februar 2014].

Duden, 2014. *www.duden.de.* [Online] Available at: http://www.duden.de/rechtschreibung/ Entrepreneurship [Zugriff am 18 März 2014].

El-Cherkeh, T., 2007. *www.hwwi.org.* [Online] Available at: http://www.hwwi.org/uploads/ tx_wilpubdb/HWWI_Update_09.07.pdf [Zugriff am 10 September 2013].

Enzenhofer, E. et al., 2007. *Ethnische Ökonomien: Bestand und Chancen für Wien,* Wien: L&R Sozialforschung.

Faltin, G., 2010. *Kopf schlägt Kapital.* 7 Hrsg. München: Hanser Verlag.

FIMM, 2011. *Migrantinnen und Migranten in der Schweiz: Ihre Leistungen, Errungenschaften und Bereicherungen für die Schweizer Gesellschaft.,* Bern: Forum für die Integration der Migrantinnen und Migranten.

Fischer, I., 2001. *Ethnische Ökonomie zur Stabilisierung benachteiligter Stadtteile?,* Dortmund: Fakultät Raumplanung der Universität Dortmund.

Flick, U., 2007. *Qualitative Sozialforschung: Eine Einführung.* Reinbeck bei Hamburg: Rowolt.

Floeting, H. & Henckel, D., 2003. Job nomads, moonlighters, and Arab pizza cooks: the "Futures" of urban labour markets?. *German Journal of Urban Studies*.

Floeting, H., Reinmann, B. & Schuleri-Hartje, U., 2005. *Von "Tante Emma" zu "Onkel Ali" - Entwicklung der Migranten-Ökonomie in den Stadtquartieren deutscher Grosssädte.* Berlin: Deutsches Institut für Urbanistik.

Fueglistaler, U., Müller, C., Müller, S. & Volery, T., 2012. *Entrepreneurship: Modelle - Umsetzung - Perspektiven.* 3 Hrsg. Wiesbaden: Springer Gabler.

Fürst, A. & Balke, J., 2013. Transnationales ethnisches Unternehmertum. Das Fallbeispiel türkischstämmiger Unternehmer in Duisburg-Marxloh. In: *Raumforschung und Raumordnung.* Heidelberg: Springer-Verlag, pp. 247-259.

Gabler Wirtschaftslexikon, 2014. *Entrepreneurship.* [Online] Available at: http://wirtschaftslexikon.gabler.de/Archiv/152051/entrepreneurship-v7.html [Zugriff am 26 Februar 2014].

Garapich, P. M., 2008. The Migration Industry and Civil Society: Polish Immigrants in the United Kingdom Before and After EU Enlargement. *Journal of Ethnic and Migration Studies*, 31 May, Issue 34:5, pp. 735-752.

GEM, 2014. *http://www.gemconsortium.org/.* [Online] Available at: http://www.gemconsortium. org/ [Zugriff am 14 Februar 2014].

Gerber, A., 2005. Der selbständige Weg in die Integration. *terra cognita*, 7, pp. 72-75.

Gokce, I., 2013. *Türkische Selbständige in der ethnischen Ökonomie.* Hamburg: Diplomica Verlag GmbH.

Goldberg, A., 1996. Unternehmensgründungen von Ausländern in der Bundesrepublik Deutschland. In: *Türken als Unternehmer: Eine Gesamtdarstellung und Ergebnisse neuerer Untersuchungen.* Opladen: VS Verlag für Sozialwissenschaften, pp. 47-80.

Goldberg, A. & Sen, F., 1997. Türkische Unternehmer in Deutschland; Wirtschaftliche Aktivitäten einer Einwanderungsgesellschaft in einem komplexen Wirtschaftssystem.. In: H. Häussermann & I. Oswald, Hrsg. *Zuwanderung und Stadtentwicklung.* Opladen/Wiesbaden: Springer, pp. 63-84.

Goldberg, A. & Sen, F., 1999. Türkische Unternehmer in Deutschland. *Zeitschrift für Migration und soziale Arbeit*, pp. 29-37.

Grenzen, U. o., 2007. *Ganz Hamburg im Blick! Vielfalt erkennen. Potenziale Nutzen. Perspektiven entwickeln.,* Hamburg: Unternehmer ohne Grenzen.

Haab, K., Bolzmann, C., Kugler, A. & Yilmaz, Ö., 2010. *Diaspora und Migranten - gemeinschaften aus der Türkei in der Schweiz,* Bern-Wabern: BFM.

Haberfellner, R., 2008. *Entrepreneurship von MIgranten.* Wien, AMS Österreich und sozialwissenschaftliche Forschungs- und Beratungsintitut abif.

Haberfellner, R., 2011. *Entrepreneurship von Migranten/innen,* Wien: Arbeitsmarktservice Österreich.

Haberfellner, R., Betz, F., Böse, M. & Riegler, J., 2000. *Ethnic Business - Integration vs. Segregation,* Wien: ZSI.

Handschin, 2006. Kultur der Selbständigkeit - Beruflich selbständige Secondas als Unternehmerinnen ihrer selbst. *Das Soziologie Magazin*, Mai, pp. 22-25.

Harder, S. & Hiebler, J., 2012. *Migration und Unternehmertum - Befragung der steirischen Unternehmern mit Migrationshintergrund,* Steiermark: WKO.

Harney, K. & Ullrich, H., 2008. *Merkmale der wirtschaftlichen Selbstständigkeit von Migranten. Eine Pilotstudie am Beispiel der Stadt Recklinghausen,* Recklinghausen: FIAB-Verlag,.

Heckmann, F., 1998. Ethnische Kolonien. Schonraum für Integration. In: A. A. u. Sozialpolitik, Hrsg. *Ghettos oder ethnische Kolonie.* Bonn: Forschungsinstitut der Friedrich-Ebert Stiftung, pp. 29-41.

Hettlage, R., 2009. Ethnic Business - Global Trade?. *Terra Cognita,* Herbst, pp. 44-46.

Hettlage, R., Juhasz, A., Renate, S. & Suter, C., 2007. Selbständig erwerbende Migrantinnen und Migranten: Gibt es Unterschiede zwischen den Generationen?. *Die Volkswirtschaft.*

Hillmann, F., 1997. *This is a migrant's world: Städtische ethnische Arbeitsmärkte am Beispiel New York City,* Berlin: Wissenschaftzentrum Berlin für Sozialforschung.

Hillmann, F., 2001. Struktur und Dynamik der Arbeitsmigration der ausländischen Bevölkerung in Berlin. In: F. Gasemann, Hrsg. *Migration und Integration. Wissenschaftliche Analysen und politische Perspektiven.* Opladen: o.A., pp. 185-208.

Hutchinson, J. & Smith, D. A., 1996. *Ethnicity.* Oxford: Oxford University Press.

Ibrahim, G. & Galt, V., 2011. Explaning ethnic entrepreneurship: An evolutionary economics approach. *International Busines Review,* pp. 607-613.

Ilhan-Nas, T., Sahin, K. & Cilingir, Z., 2011. International ethnic entrepreneurship: Antecedents, outcomes and enviromental context. *International Business Review,* pp. 614-626.

IOM, 2010. *www.iom.int.* [Online] Available at: http://www.iom.int/files/live/sites/iom/files/ infographics/iom_infographics.jpg [Zugriff am 16 März 2014].

Juhasz, A., 2006. Secondas und Secondos in der Schweiz. Probleme und Zukunft der politischen Partizipation. *Widerspruch. Beiträge zu sozialistischer Politik,* pp. 125-133.

Juhasz, A., Hettlage, R. & Suter, C., 2007. "Stell dir vor, du bist der Chef und niemand kann dich entlassen". Die selbstständige Erwerbstätigkeit von Migrantinnen und Migranten in der Schweiz.. In: P. Gazareth, A. Juhasz & C. Magnin, Hrsg. *Neue soziale Ungleichheit in der Arbeitswelt.* Konstanz: UVK, pp. 225-247.

Juhazs, A., 2007. Auf eigene Faust. *Unimagazin Zürich,* Januar, pp. 26-28.

Jung, M. & Abaci, K., 2005. *Migranten als Unternehmer in Deutschland,* Berlin: Verband Deutscher Gründungsinitiativen.

Jung, M., Unterberg, M., Bendig, M. & Seidl-Bowe, B., 2011. *Unternehmensgründungen von Migranten und Migrantinnen,* Hamburg: Evers und Jung.

Kalaidos Fachhochschule Schweiz, 2009. *www.presseport.ch.* [Online] [Zugriff am 04 06 2013].

Kay, R. & Stefan, S., 2012. *Hemmnisse und Probleme bei Gründungen durch Migranten,* Bonn: Institut für Mittelstandforschung.

Kirzner, I. M., 2008. *The Alert and Creative Entrepreneur: A Clarification.* Stockholm, Research Institute of Industrial Economics.

Kivisto, P., 2001. Theorizing transnational immigration: a critical review of current efforts. *Ethnic and Racial Studies,* April, pp. 549-577.

Kloosterman, R. & Rath, J., 2001. Immigrant entrepreneurs in advanced economies: mixed embeddedness further explored. *Journal of Ethnic and Migration Studies,* April, Issue 2, pp. 189-201.

KMU Portal, 2014a. *http://www.kmu.admin.ch.* [Online] Available at: http://www.kmu.admin. ch/politik/02984/index.html?lang=de [Zugriff am 26 Februar 2014].

KMU Portal, 2014b. *www.kmu.admin.ch.* [Online] Available at: http://www.kmu.admin.ch/ kmu-gruenden/03476/03575/index.html?lang=de[Zugriff am 17 März 2014].

Knight, H. F., 1921. *Risk, Uncertainty and Profit,* Cambridge: The Riverside Press.

Köllinger, P. & Minniti, M., 2006. Not for lack of trying: Americn entrepreneurship in Black and White. *Small Business Economics,* Band 27, pp. 59-79.

Kontos, M., 2003. Self-employment policies and migrants entrepreneurship in Germany. *Entrepreneurship and regional Development,* pp. 119-135.

Kornmeier, M., 2007. *Wissenschaftstheorie und wissenschaftliches Arbeiten: eine Einfürung für Wirtschaftswissenschaftler.* Heidelberg: Physica.

Krapol-Fischer, I., 2007. Ethnische Ökonomie im theoretischen Diskurs - Unternehmen von MigrantInnen zwischen Ethnisierung und Integration. In: V. Waltz, Hrsg. *Raum und Migration: Differenz anerkennen - Vielfalt planen - Potenziale nutzen.* Dortmund: Institut für Raumplanung, pp. 199-222.

Leicht, 1995. *Die Prosperität kleiner Betriebe.* xii Hrsg. Heidelberg: Physica-Verlag.

Leicht, R. et al., 2005. *Die Bedeutung der ethnischen Ökonomie in Deutschland: Push- und Pull-Faktoren für Unternehmensgründunge auslädischer und auslandstämmiger Mitbürger,* Mannheim: Institut für Mittelstandsforschung der Universität Mannheim.

Leicht, R. & Leiss, M. H. K., 2006. *Bedeutung der ausländischen Selbständigen für den Arbeitsmarkt und den sektoralen Strukturwandel,* Mannheim: Institut für Mittelstandsforschung.

Leicht, R., Strohmeyer, R., Leiss, M. & Philipp, R., 2009. *Selbständig integriert? Chancen und Hemmnisse für Gründerinnen und Unternehmerinnen mit Migrationshintergrund in Nordrhein-Westfallen,* Mannheim: Institut für Mittelstandsforschung.

Light, I., 1987. Unternehmer und Unternehmertum ethnischer Gruppen. In: K. Z. f. S. u. Sozialpsychologie, Hrsg. *Soziologie wirtschaftlichen Handelns.* Opladen: Westdt. Verlag, pp. 193-215.

Light, I. & Gold, J. S., 2000. *Ethnic Economies,* San Diego: California Academic Press.

Light, I. & Karageorgis, S., 1994. The Ethnic Economy.. In: P. U. Press, Hrsg. *Handbook of Economic Sociology.* Princeton: s.n., pp. 647-671.

Light, I. & Rosenstein, C., 1995. *Race, Ethnicity, and Entrepreneurship in Urban America.* New York: Walter de Gruyter.

Loeffelholz, H. D. v., Gieseck, A. & Buch, H., 1994. *Ausländische Selbständige in der Bundesrepublik : unter besonderer Berücksichtigung von Entwicklungsperspektiven in den neuen Bundesländern.* Berlin: Duncker & Humblot.

Logan, R. J., Alba, D. R. & McNulty, L. T., 1994. Ethnic Economies in Metropolitan Regions: Miami and Beyond. In: O. U. Press, Hrsg. *Social Forces.* s.l.:Oxford Journals, pp. 691-724.

Mäder, L., 2009. SVP mit Ausländerpolitik auf dem Vormarsch. *20 Minuten,* p. o.S..

Meier, C., 2008. *Ethnic Business - Grundlagen, Hintergründe und Perspektiven,* Zürich: Stadt Zürich - Integrationsförderung.

Migrationsamt Zürich, 2014. *http://www.ma.zh.ch.* [Online] Available at: http://www.ma.zh.ch/ internet/sicherheitsdirektion/migrationsamt/de/einreise_aufenthalt/ausweise_bewilligungsarte n.html [Zugriff am 17 März 2014].

OECD, 2004. *Fostering an entrepreneurial business environment for firm creation and SME Growth in the mena region,* o.A.: MENA-OECD Investment Programme.

OECD, 2010. *Entrepreneurship and Migrants, Report by the OECD Working Party on SMEs and Entrepreneurship,* s.l.: OECD.

Oliveira, R. C. & Rath, J., 2008. Introduction. *Migracoes Journal,* 3 Oktober, pp. 11-27.

Oxford Dictionaries, 2014. *http://www.oxforddictionaries.com.* [Online] Available at: http://www.oxforddictionaries.com/definition/english/ethnicity?q=ethnicity [Zugriff am 14 Februar 2014].

Panayiotopoulus, P., 2010. *Ethnicity, Migration and Enterprise.* Hampshire: Palgrave Macmillan .

Piquet, E., 1999. *Les migrations créatrices,* Paris: L'Harmattan.

Piquet, E. & Besson, R., 2000. L'emploi indépendant des personnes d'origine étrangère. In: W. Haug & W. Philipp, Hrsg. *MIGRANTS ET MARCHÉ DU TRAVAIL - Compétences et insertion professionnelle des personnes d'origine étrangère en Suisse.* Neuchatel: Bundesamt für Statistik, pp. 111-149.

Portes, A., 1984. *The Rise of Ethnicity: Determinants of Ethnic Perceptions Among Cuban Exiles in Miami,* o.A.: American Sociological Review.

Portes, A., Guarnizo, E. L. & Landolt, P., 1999. The study of transnationalism: pitfalls and promise of an emergent research field. *Ethnic and Racial Studies*, 2 März, 22(2), pp. 217-237.

Portes, A. & Jensen, L., 1992. Disproving the enclave hypothesis. *American Sociological Review* , pp. 418-420.

Präsidialdepartement der Stadt Zürich, 2004. *Der lange Abschied - 138 Fotografien zur italienischen Emigration in die Schweiz nach 1945,* Zürich: Präsidialdepartement der Stadt Zürich.

Price, M. & Chacko, E., 2009. The Mixed Embeddedness of Ethnic Entrepreneurs in a New Immigrant Gateway. *Journal of Immigrant & Refugee Studies*, Issue 7, p. 328–346.

Pütz, R., 2000. Von der Nische zum Markt? Türkische Einzelhändler im Rhein-Main-Gebiet. In: M. K. Geographie, Hrsg. *Ausländer in Deutschland. Probleme einer transkulturellen Gesellschaft aus geographischer Sicht.* o.A.: Escher, Anton, pp. 27-39.

Pütz, R., 2004. *Transkulturalität als Praxis; Unternehmer türkischer Herkunft in Berlin..* Bielefeld: transcript-verlag.

Ramaj, A., 2009. Die Albaner in der Schweiz. *Albsuisse*, Juni, pp. 13-14.

Rath, J. & Kloostermann, R., 2000. Outsiders' Business: A critical Review of Research on Immigrant Entrepreneurship. *International Migration Review*, Autumn, pp. 657-681.

Reiner, M., 2009. *Berlin Institut für Bevölkerung und Entwicklung.* [Online] Available at: http://www.berlin-institut.org/online-handbuchdemografie/bevoelkerungsdynamik/faktoren/internationalemigration.html[Zugriff am 15 Februar 2014].

Riddle, L. & Brinkerhoff, J., 2011. Diaspora entrepreneurs as institutional change agents: The case of Thamel.com. *International Business Review*, Dezember, pp. 670-680.

Ripsas, S., 1997a. *Entrepreneurship als ökonomischer Prozess - Perspektiven zur Förderung unternehmerischen Handelns.* Wiesbaden: Gabler Verlag.

Ripsas, S., 1997. *Von der theoretischen Unternehmerfunktion zum Entrepreneur in der Managementlehre.* o.A.: Deutscher Universitätsverlag.

Sabani, K., 2011. *«Ethnobusiness ist eine Bereicherung für die Gesellschaft».* [Online] Available at: http://derarbeitsmarkt.ch/artikel/Ethnobusiness-ist-eine-Bereicherung-fuer-die-Gesellschaft [Zugriff am 16 März 2014].

SAKE, 2012. *Arbeitsmarkt - Übereinstimmung Bildungsniveau und ausgeübte Tätigkeit,* Neuchatel: Bundesamt für Statistik.

Sariaslan, E., 2011. *Migrantinnen und Migranten in der Schweiz,* Bern: Forum für die Integration der Migrantinnen und Migranten .

Schaland, A.-J., 2009. *Selbstständige Migrantinnen und Migranten in wissensintensiven Dienstleistungsbranchen in Deutschland: Eine neue Nischenökonomie?,* Hamburg: Hamburgisches WeltWirtschaftsInstitut.

Schmalzer, B. T., Frech, B., Wenzel, R. & Mahajan, L., 2013. *Global Entrepreneurship Monitor 2012 - Bericht zur Lage des Unternehmertums in Österreich,* Graz: FH JOANNEUM Gesellschaft GmbH.

Schmid, K. et al., 2006. *Entrepreneurship von Personen mit Migrationshintergrund,* Wien: Arbeitsmarktservice Österreich.

Schuleri-Hartje, U.-K. & Floeting, H., 2004. *www.difu.de.* [Online] Available at: http://www.difu.de/node/4815[Zugriff am 17 März 2014].

Schumpeter, J. A., 2008. *Konjunkturzyklen: eine theoretische, historische und statistische Analyse des Kapitalistischen Prozesses.* Göttingen: Vandenhoeck & Ruprecht GmbH & Co..

Schweizerischer Nationalfonds, 2007. *www.snf.ch.* [Online] Available at: http://www.snf.ch/ SiteCollectionDocuments/nfp/nfp51/NFP51_Kurzportraet_d.pdf. [Zugriff am 15 März 2014].

SECO, 2014. *http://www.seco.admin.ch.* [Online] Available at: http://www.seco.admin.ch/ keine-schwarzarbeit/04460/index.html?lang=de [Zugriff am 26 Februar 2014].

Sharp, R., 2007. *Handbook of Research on Ethnic Minority Entrepreneurship,* Cheltenham: Edward Elgar.

Shinnar, S. R., Aguilera, B. M. & Lyons, S. T., 2011. Co-ethnic markets: Financial penalty or opportunity?. *International Business Review*, Dezember, pp. 646-658.

Sobel, S. R., 2008. *Library Economics Liberty.* [Online] Available at: http://www.econlib.org/ library/Enc/Entrepreneurship.html [Zugriff am 27 Februar 2014].

Stadt, S., 2005. *Integration und Migrantenökonomie - Eine kritische Begriffsanalyse,* s.l.: Soziale Stadt.

Suter, C., Schubert, R. & Juhasz, A., 2003-2006. *Der Weg zur Integration? Die Rolle der selbständigen Erwerbstätigkeit von Migrantinnen und Migranten in der Schweiz,* Bern: Schweizerischer Nationalfonds.

Timmons, A. J. & Spinelli, S., 1994. *New Venture Creatio: Entrepreneurship for 21st century.* 4 Hrsg. Boston: Irwin.

Tolciu, A., 2011. Migrant entrepreneurs and social capital: a revised perspective. *International Journal of Entrepreneurial Behaviour & Research*, pp. 409-427.

Tolciu, A., Schaland, A. J. & El-Cherkeh, T., 2010. *Migrant Entrepreneurship in Hamburg: Results from a Qualitative Study with Turkish Entrepreneurs,* Hamburg: Hamburg Institute of International Economics.

UNO, 2009. *United Nations, Department of Economic and Social Affairs, Population Division.* [Online] Available at: www.unpopulation.org [Zugriff am 5 März 2014].

Volery, T., 2007. Ethnic entrepreneurship: a theoretical framework. In: L. Dana, Hrsg. *Handbook of Research on Ethnic Minority Entrepreneurship: A Co-evolutionary View on Resource Management.* Cheltenham: Edward Elgar, pp. 30-39.

Von Aarburg, H.-P. & Gretler, S. B., 2008. *Kosova-Schweiz: Die albanische Arbeits- und Asylmigration zwischen Kosovo und der Schweiz.* Münster: LIT-Verlag.

Waldinger, R., Aldrich, H. & Ward, R., 1990. *Ethnic Entrepreneurs - Immigrant Business in Industrial Societies.* 1 Hrsg. Newbury Park, London, New Delhi: Sage Publiations.

Wanner, P., 2004. *Migration und Integration - Ausländerinnen und Ausländer in der Schweiz,* Neuchatel: BFS.

Wenter, E., 2011. *Migration - Ethnische Ökonomie - Integration: Ethnische Ökonomien als Vehikel der Integration - eine empirische Fallstudie am Beispiel türkischer Unternehmen in Wiener Brunnenviertel,* Wien: Diplomarbeit Universität Wien.

Wiebe, D., 1982. Sozialgeographische Aspekte ausländischer Gewerbetätigkeiten in Kiel. *Zeitschrift für Wirtschaftsgeographie,* pp. 69-78.

Xavier, R. S. et al., 2013. *Global Entrepreneurship Monitor - Global Report 2012,* s.l.: GEM.

Yang, C., Colarelli, M. S., Han, K. & Page, R., 2011. Start-up and hiring practices of immigrant entrepreneurs: An empirical study from an evolutionary psychological perspective. *International Business Review,* Dezember, pp. 636-645.

Zhou, M., 2004. Revisiting Ethnic Entrepreneurship: Convergencies, Controversies, and Conceptual Advancement. *International Migration Review,* Frühling, Issue 38, p. 1040–1074.

Anhang

Anhang 1: Fragebogen

Anhang 2: Zusätzliche Daten zu der funktionalen Dimension

Anhang 3: Zusätzliche Daten zur strukturellen Dimension

Anhang 4: Zusätzliche Daten zur kulturellen Dimension

Anhang 5: Zusätzliche Daten zur individuellen Dimension

Anhang 6: Zusätzliche Daten zur Schatten-Dimension

Alle Darstellungen/Angaben im Anhang wurden vom Autor dieser Arbeit erarbeitet.

Swiss Ethnic Business

Barrieren und Besonderheiten bei Unternehmensgründungen durch Migranten

Fragebogen

Ziel und Nutzen der Befragung: Empirisch fundierte Informationen über die Herausforderungen und Hemmnisse, mit denen Migranten/innen in der Schweiz bei der Unternehmensgründung konfrontiert sind, zu gewinnen. Diese Informationen werden später dazu dienen, die ethnischen Gründer gezielt informieren, beraten und unterstützen zu können.

Zielgruppen: Türkische, italienische und albanische Unternehmer in der Schweiz.

Datenschutz: Ich habe Ihre Adresse/E-Mail aus dem Internet bzw. Branchenbuch gezogen. Ihre Antworten werden nur statistisch und anonym ausgewertet.

Fragetypen: Es werden generelle Fragen zu Ihrem Unternehmen, zu Ihren unternehmerischen Aktivitäten, zu Ihrer Meinung und Ihren Erfahrungen gestellt.

Bei Fragen stehe ich Ihnen sehr gerne zur Verfügung:

Battal Kalan
Stockmattstrasse 29
5400 Baden
Tel.: 076 421 91 29
E-Mail: battal.kalan@gmx.net

Allgemeine und Soziodemografische Aspekte

1. Geschlecht

☐ männlich   ☐ weiblich

2. Ihr Geburtsjahr?.................................

3. Sind Sie in der Schweiz geboren?

☐ ja   ☐ nein

4. Wie lange leben Sie schon in der Schweiz?

........................Jahre

5. Welche Staatsbürgerschaft(en) besitzen Sie? (mehrere Antworten möglich)

☐ Türkei   ☐ Italien   ☐ Ex-Jugoslawien   ☐ Schweiz

6. Welche Sprachen sprechen Sie? (mehrere Antworten möglich)

☐ Türkisch   ☐ Kurdisch   ☐ Italienisch   ☐ Albanisch   ☐ Deutsch

☐ Andere:..

7. Ist mindestens ein Elternteil zugewandert?

☐ ja   ☐ nein

8. Wann haben Sie Ihr Unternehmen gegründet?

Jahr: ....

Funktionale Dimension

9. In welcher Sparte sind Sie hauptsächlich tätig? (Bitte nur 1 Sparte ankreuzen)

☐ Handel/Detailhandel   ☐ Gesundheit und Sozialwesen

☐ Bau und Handwerk   ☐ Transport und Verkehr

☐ Industrie   ☐ Dienstleistungen 1 (Finanz, Versicherung, Buchhaltung, Consulting etc.)

☐ Gastgewerbe   ☐ Dienstleistungen 2 (Coiffeur, Schneiderei, Körperpflege, Reinigung etc.)

☐ Information und Kommunikation   ☐ Kunst, Unterhaltung, Erholung und sonstige Dienstleistungen

☐ Erziehung und Unterricht   ☐ andere:………………………………………………………

10. Hatten Sie vor der Gründung Erfahrungen in der Branche, in der Sie jetzt tätig sind?

☐ ja   ☐ nein

11. Wie viele Personen arbeiten in Ihrem Unternehmen?

☐ habe keine Mitarbeiter   ☐ 25 – 49

☐ 1 – 9   ☐ 50 – 249

☐ 10 – 24   ☐ mehr als 250 Mitarbeiter

12. Arbeiten in Ihrem Unternehmen auch Familienangehörige?

☐ ja   ☐ nein

Strukturelle Dimension

13. Warum haben Sie Ihr derzeitiges Unternehmen gegründet? (Bitte nur 3 auswählen)

☐ um Arbeitslosigkeit zu umgehen

☐ weil meine Diplome nicht anerkannt werden

☐ weil ich mit meinem alten Beruf unzufrieden war

☐ weil ich in meinem alten Beruf nicht viel Geld verdiente

☐ um unabhängig arbeiten zu können

☐ um Ansehen in der Gesellschaft zu bekommen

☐ weil ich eine Geschäftsidee verwirklichen wollte

☐ weil ich eine Marktlücke entdeckt habe

☐ sonstige:………………………………………………………………..

14. **Bitte schätzen Sie ein, mit welchem der folgenden Gründungshemmnisse Sie konfrontiert waren:**

	trifft gar nicht zu	trifft wenig zu	trift teils-teils zu	trifft ziemlich zu	trifft voll zu
Bürokratischer Aufwand	☐	☐	☐	☐	☐
Körperliche/psychische Belastung	☐	☐	☐	☐	☐
Kredit/nötiges Kapital zu finden	☐	☐	☐	☐	☐
Mangelnde kaufmännische Kenntnisse	☐	☐	☐	☐	☐
Meine Herkunft	☐	☐	☐	☐	☐
Kundennachfrage falsch eingeschätzt	☐	☐	☐	☐	☐
Belastung Familie/Partnerschaft	☐	☐	☐	☐	☐
Kenntnis formaler und gesetzlicher Anforderungen	☐	☐	☐	☐	☐
Erhalten von Bewilligung	☐	☐	☐	☐	☐
Mangelnde Information/Beratung	☐	☐	☐	☐	☐
Sprachschwierigkeiten	☐	☐	☐	☐	☐

15. **Wie haben Sie das Startkapital beschafft?** (mehrere Antworten möglich)

☐ Eigenkapital   ☐ Von Familie/Bekannten   ☐ Banken   ☐ Förderstellen   ☐ sonstige

16. **Hatten Sie zum Zeitpunkt der Gründung einen Businessplan?**

☐ ja   ☐ nein

17. **Welche der folgenden Gründungsfördernden Organisationen kennen Sie?** (mehrere Antworten möglich)

☐ Technopark-Allianz

☐ KMU Portal (www.kmu.admin.ch ; www.startbiz.ch)

☐ Kommission für Technologie und Innovation (KTI)

☐ Kantonale Wirtschafts-/Standortförderungen (bspw. Aargau Services oder Standortförderug Kanton Zürich)

☐ Andere: …………………………………………..

☐ Ich kenne keine Unternehmens-Förderorganisationen

18. **Haben Sie schon Dienstleistungen einer der obigen Organisationen und/oder Wirtschafts-/Standortförderung Ihres Kantons in Anspruch genommen?**

☐ ja ☐ nein

Wenn ja, wie fanden Sie die Beratung der Institution?

☐ Gute Beratung ☐ Mittelmässig ☐ Schlechte Beratung

19. **In welchem der folgenden Bereiche haben Sie Beratungs- bzw. Weiterbildungsbedarf? (mehrere Antworten möglich)**

☐ Finanzierung eines Unternehmens

☐ Rechtliche Aspekte

☐ Branchenkenntnisse

☐ Marketing

☐ Businessplan

☐ Informatikkenntnisse

☐ Sprache/Rhetorik

☐ Vertiefte Informationen über Schweizer Kultur und Gegebenheiten

☐ Sonstige:…………………………………..

20. **Fühlen Sie sich als Unternehmer gegenüber Unternehmern ohne Migrationshintergrund benachteiligt?**

☐ ja ☐ nein

wenn ja:

inwiefern?...

....

Individuelle Dimension

21. **Welchen höchsten Schul- bzw. beruflichen Abschluss haben Sie erreicht?**

☐ noch kein allgemeiner Schul-/Berufsabschluss

☐ Grundschule ohne abgeschlossene Lehre/Beruf

☐ Grundschule mit abgeschlossener Lehre/Beruf

☐ Kantonsschule / Gymnasium mit Abschluss ohne Studium

☐ Studium (Universiät / Fachhochschule)

☐ Promotion

☐ weiss nicht

22. Wo haben Sie diesen Abschluss gemacht?

☐ Abschluss in der Türkei

☐ Abschluss in Italien

☐ Abschluss in Ex-Jugoslawien

☐ Abschluss in der Schweiz

☐ Abschluss anderswo

23. Ist Ihr Abschluss in der Schweiz anerkannt?

☐ ja   ☐ nein   ☐ weiss ich nicht

Herausfordernde Dimension

24. Wie viele Stunden arbeiten Sie im Schnitt pro Woche?

☐ < 40 h   ☐ 40 – 49 h   ☐ 50 – 59 h   ☐ 60 – 69 h   ☐ ≥ 70 h

25. Hatten Sie je einen der folgenden Konftlikte bei Ihrer unternehmerischen Tätigkeit?

☐ Konflikte mit Gesetzgebung (Steueramt, betriebliche Standards etc.)

☐ Konflikte mit Belegschaft

☐ Konflikte bezüglich Arbeitssicherheit

☐ Andere:……………………………………………………………………………

☐ Keine

26. Rückblickend, würden Sie heute noch einmal ein Unternehmen gründen?

☐ ja   ☐ nein

Kulturelle Dimension

27. Welche Nationalität/Herkunft haben Ihre Mitarbeiter/innen? (mehrere Antworten möglich)

☐ Türkische Herkunft   ☐ Schweizer Herkunft

☐ Italienische Herkunft   ☐ Andere Herkunft

☐ Ex-Jugoslawische Herkunft

28. Woher stammt Ihre Kundschaft?

☐ hauptsächlich Landsleute bzw. Personen mit Migrationshintergrund

☐ hauptsächlich Schweizer

☐ Beide gleichermassen

29. **Wie wichtig sind Deutschkenntnisse für Ihren beruflichen Alltag?**

☐ nicht wichtig   ☐ wenig wichtig   ☐ mässig wichtig   ☐ wichtig   ☐ sehr wichtig

30. **Wie gut fühlen Sie sich in der Schweiz integriert?**

☐ gar nicht   ☐ kaum   ☐ mittelmässig   ☐ gut   ☐ sehr gut

31. **Welche Massnahmen erachten Sie für eine gute Integration in die Gesellschaft als notwendig?**

☐ Deutschkenntnisse

☐ Interkulturelle Trainings

☐ Networking

☐ Anderes wie: …………………………………………………………

Sonstige Anregungen und Wünsche?

……

……

………………………………………………………………………………………………

Vielen Dank für Ihre Teilnahme.

Sofern Sie die Ergebnisse der Studie erhalten möchten, tragen Sie hier bitte Ihre E-Mail ein:

……

Anhang 2: Zusätzliche Daten zu der funktionalen Dimension (Kapitel 5.5.2)

Abbildung 24: Branchenverteilung pro Ethnie

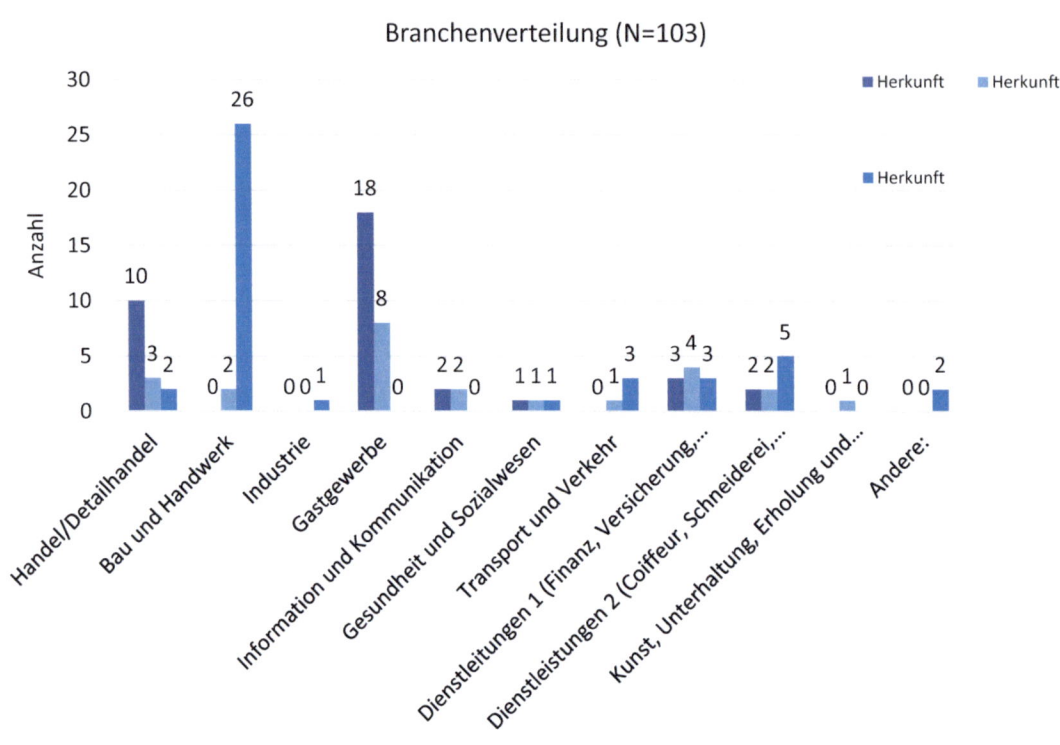

Abbildung 25: Branchenerfahrung vor Gründung

		Häufigkeit	Prozent	Gültige Prozente	Kumulierte Prozente
Gültig	Ja	79	76.7	78.2	78.2
	Nein	22	21.4	21.8	100.0
	Gesamt	101	98.1	100.0	
Fehlend	System	2	1.9		
Gesamt		103	100.0		

Hatten Sie vor der Gründung Erfahrungen in der Branche, in der Sie jetzt tätig sind?

Herkunft * Hatten Sie vor der Gründung Erfahrungen in der Branche, in der Sie jetzt tätig sind? Kreuztabelle (N gültig = 101)

Anzahl

		Hatten Sie vor der Gründung Erfahrungen in der Branche, in der Sie jetzt tätig sind?		Gesamt
		Ja	Nein	
Herkunft	Türkisch	20	15	35
	Italienisch	20	3	23
	Albanisch	39	4	43
Gesamt		79	22	101

Abbildung 26: Mitarbeiterstruktur pro Ethnie

Herkunft * Wie viele Personen arbeiten in Ihrem Unternehmen? Kreuztabelle

Anzahl

		Wie viele Personen arbeiten in Ihrem Unternehmen?						Gesamt
		habe keine Mitarbeiter	1 – 9	10 – 24	25 – 49	50 – 249	mehr als 250 Mitarbeiter	
Herkunft	Türkisch	4	28	4	0	0	0	36
	Italienisch	4	12	4	1	2	1	24
	Albanisch	8	31	2	2	0	0	43
Gesamt		16	71	10	3	2	1	103

Abbildung 27: Mitarbeit Familie pro Ethnie

Kreuztabelle

Anzahl

		Arbeiten in Ihrem Unternehmen auch Familienangehörige?		Gesamt	%
		Ja	Nein		
Herkunft	Türkisch	20	15	35	57.14286
	Italienisch	10	14	24	41.66667
	Albanisch	30	13	43	69.76744
Gesamt		60	42	102	

Anhang 3: Zusätzliche Daten zur strukturellen Dimension (Kapitel 5.5.3)

Abbildung 28: Gründungsmotiv der ethnischen Unternehmer pro Ethnie

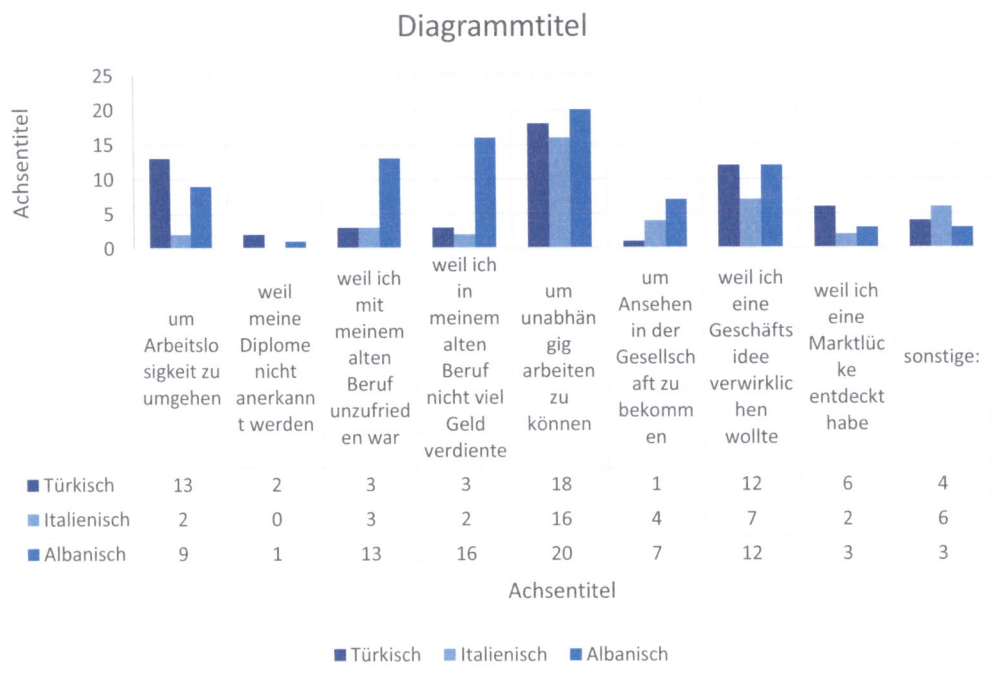

	um Arbeitslosigkeit zu umgehen	weil meine Diplome nicht anerkannt werden	weil ich mit meinem alten Beruf unzufrieden war	weil ich in meinem alten Beruf nicht viel Geld verdiente	um unabhängig arbeiten zu können	um Ansehen in der Gesellschaft zu bekommen	weil ich eine Geschäftsidee verwirklichen wollte	weil ich eine Marktlücke entdeckt habe	sonstige:
Türkisch	13	2	3	3	18	1	12	6	4
Italienisch	2	0	3	2	16	4	7	2	6
Albanisch	9	1	13	16	20	7	12	3	3

Abbildung 29: Gründungshemmnis "Bürokratischer Aufwand" pro Ethnie

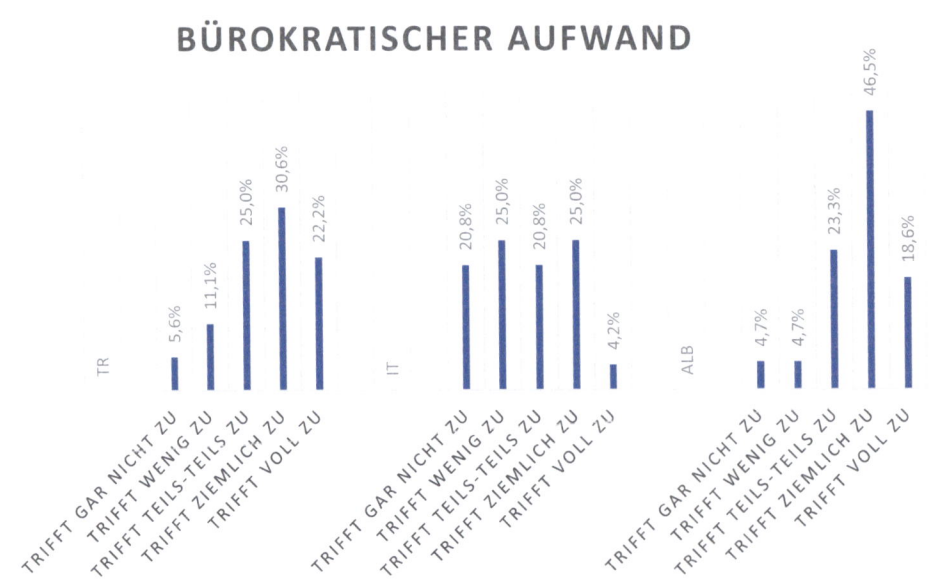

138

Abbildung 30: Gründungshemmnis "Körperliche/psychische Belastung"

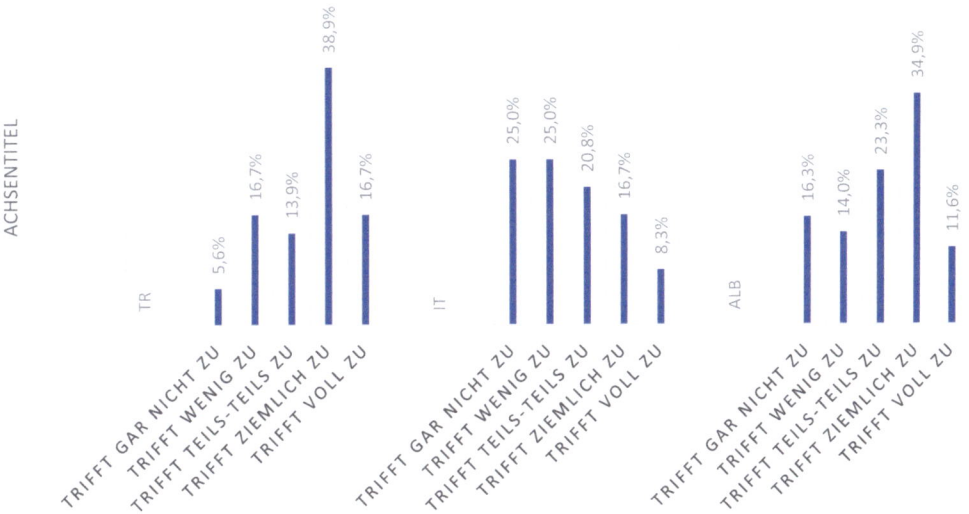

Abbildung 31: Gründungshemmnis "Belastung Familie/Partnerschaft"

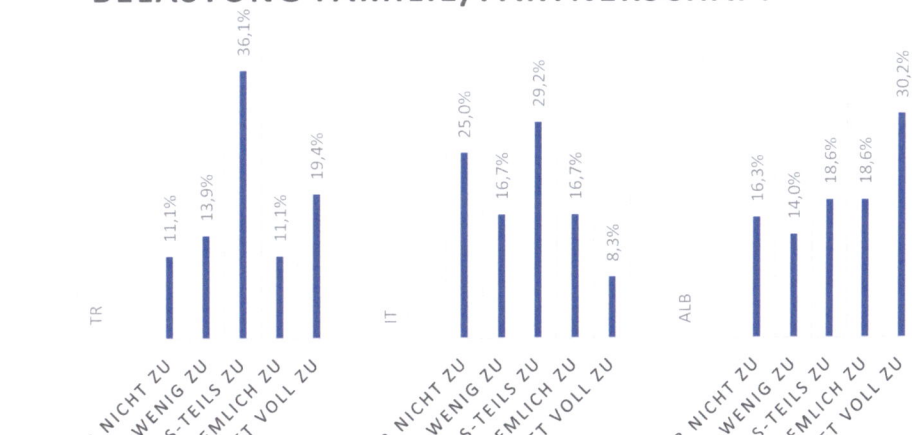

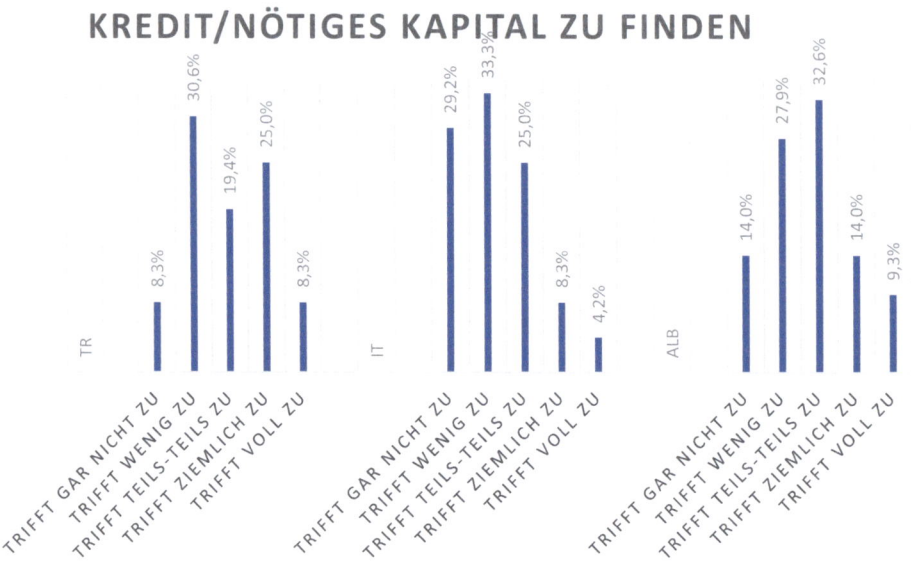

Tabelle 14: Startkapital von "Eigenkapital"

Kreuztabelle				
Anzahl				
		Eigenkapital		
		0	Eigenkapital	Gesamt
Herkunft	Türkisch	6	30	36
	Italienisch	2	22	24
	Albanisch	2	41	43
Gesamt		10	93	103

Tabelle 15: Startkapital von "Familie/Bekannten"

Kreuztabelle				
Anzahl				
		Von Familie/Bekannten		
		0	Von Familie/Beka nnten	Gesamt
Herkunft	Türkisch	16	20	36
	Italienisch	19	5	24
	Albanisch	16	27	43
Gesamt		51	52	103

Tabelle 16: Startkapital von "Banken"

Kreuztabelle Anzahl		Banken		Gesamt
		0	Banken	
Herkunft	Türkisch	30	6	36
	Italienisch	16	8	24
	Albanisch	40	3	43
Gesamt		86	17	103

Tabelle 17: Startkapital von "Förderstellen"

Kreuztabelle Anzahl		Förderstellen		Gesamt
		0	Förderstellen	
Herkunft	Türkisch	36	0	36
	Italienisch	23	1	24
	Albanisch	43	0	43
Gesamt		102	1	103

Tabelle 18: Startkapital von "sonstige"

Kreuztabelle Anzahl		sonstige		Gesamt
		0	sonstige	
Herkunft	Türkisch	32	4	36
	Italienisch	22	2	24
	Albanisch	38	5	43
Gesamt		92	11	103

Tabelle 19: Businessplan vor Gründung pro Ethnie

Hatten Sie zum Zeitpunkt der Gründung einen Businessplan? (Türken)

		Häufigkeit	Prozent	Gültige Prozente	Kumuliert e Prozente
Gültig	Ja	10	27.8	27.8	27.8
	Nein	26	72.2	72.2	100.0
	Gesamt	36	100.0	100.0	

Hatten Sie zum Zeitpunkt der Gründung einen Businessplan? (Italiener)

		Häufigkeit	Prozent	Gültige Prozente	Kumuliert e Prozente
Gültig	Ja	12	50.0	52.2	52.2
	Nein	11	45.8	47.8	100.0
	Gesamt	23	95.8	100.0	
Fehlend	System	1	4.2		
Gesamt		24	100.0		

Hatten Sie zum Zeitpunkt der Gründung einen Businessplan? (Albaner)

		Häufigkeit	Prozent	Gültige Prozente	Kumuliert e Prozente
Gültig	Ja	9	20.9	21.4	21.4
	Nein	33	76.7	78.6	100.0
	Gesamt	42	97.7	100.0	
Fehlend	System	1	2.3		
Gesamt		43	100.0		

Tabelle 20: Welche Förderorganisationen kennen Sie?

Ich kenne keine Unternehmens-Förderorganisationen		Häufigkeit	Prozent	Gültige Prozente	Kumuliert e Prozente
Gültig	Ich kenne keine Unternehmens-Förderorganisationen	75	72.8	100.0	100.0
Fehlend	System	28	27.2		
Gesamt		103	100.0		

Tabelle 21: Inanspruchnahme der Dienstleistungen

Kreuztabelle		Dienstleistungen		Gesamt
		Ja	Nein	
Herkunft	Türkisch	0	35	35
	Italienisch	2	22	24
	Albanisch	0	43	43
Gesamt		2	100	102

Tabelle 22: Beratungs- bzw. Weiterbildungsbedarf von türkischen Probanden

Statistiken (Türkisch)		Finanzieru ng eines Unternehm ens	Rechtliche Aspekte	Branchenk enntnisse	Marketing	Businesspl an	Informatikk enntnisse	Sprache/R hetorik	Vertiefte Information en über Schweizer Kultur und Gegebenhe iten	sonstige:
N	Gültig	12	10	4	14	9	4	6	3	2
	Fehlend	24	26	32	22	27	32	30	33	34
Mittelwert		1.00	2.00	3.00	4.00	5.00	6.00	7.00	8.00	9.00
Standardabweichung		0.000	0.000	0.000	0.000	0.000	0.000	0.000	0.000	0.000
Varianz		0.000	0.000	0.000	0.000	0.000	0.000	0.000	0.000	0.000
Standardfehler der Schiefe		.637	.687	1.014	.597	.717	1.014	.845	1.225	
Minimum		1	2	3	4	5	6	7	8	9
Maximum		1	2	3	4	5	6	7	8	9

Tabelle 23: Beratungs- bzw. Weiterbildungsbedarf von italienischen Probanden

Statistiken (Italiener)		Finanzieru ng eines Unternehm ens	Rechtliche Aspekte	Branchenk enntnisse	Marketing	Businesspl an	Informatikk enntnisse	Sprache/R hetorik	Vertiefte Information en über Schweizer Kultur und Gegebenhe iten	sonstige:
N	Gültig	5	5	1	6	5	5	2	0	7
	Fehlend	19	19	23	18	19	19	22	24	17
Mittelwert		1.00	2.00	3.00	4.00	5.00	6.00	7.00		9.00
Standardabweichung		0.000	0.000		0.000	0.000	0.000	0.000		0.000
Varianz		0.000	0.000		0.000	0.000	0.000	0.000		0.000
Standardfehler der Schiefe		.913	.913		.845	.913	.913			.794
Minimum		1	2	3	4	5	6	7		9
Maximum		1	2	3	4	5	6	7		9

Tabelle 24: Beratungs- bzw. Weiterbildungsbedarf von albanischen Probanden

		Finanzierung eines Unternehmens	Rechtliche Aspekte	Branchenkenntnisse	Marketing	Businessplan	Informatikkenntnisse	Sprache/Rhetorik	Vertiefte Informationen über Schweizer Kultur und Gegebenheiten	sonstige:
N	Gültig	22	14	3	15	11	8	1	0	3
	Fehlend	21	29	40	28	32	35	42	43	40
Mittelwert		1.00	2.00	3.00	4.00	5.00	6.00	7.00		9.00
Standardabweichung		0.000	0.000	0.000	0.000	0.000	0.000			0.000
Varianz		0.000	0.000	0.000	0.000	0.000	0.000			0.000
Standardfehler der Schiefe		.491	.597	1.225	.580	.661	.752			1.225
Minimum		1	2	3	4	5	6	7		9
Maximum		1	2	3	4	5	6	7		9

Statistiken (Albaner)

Anhang 4: Zusätzliche Daten zur kulturellen Dimension (Kapitel 5.5.4)

Tabelle 25: Wichtigkeit von Deutschkenntnissen im beruflichen Alltag der Probanden

Herkunft * Wie wichtig sind Deutschkenntnisse für Ihren beruflichen Alltag? Kreuztabelle Anzahl		beruflichen Alltag?				Gesamt
		wenig wichtig	mässig wichtig	wichtig	sehr wichtig	
Herkunft	Türkisch	0	3	16	17	36
	Italienisch	0	3	6	15	24
	Albanisch	1	2	17	23	43
Gesamt		1	8	39	55	103

Chi-Quadrat-Tests	Wert	df	Asymptotische Signifikanz (2-seitig)
Chi-Quadrat nach Pearson	4.762[a]	6	.575
Likelihood-Quotient	5.208	6	.517
Zusammenhang linear-mit-linear	.103	1	.748
Anzahl der gültigen Fälle	103		
a. 6 Zellen (50.0%) haben eine erwartete Häufigkeit kleiner 5.			

Symmetrische Maße		Wert	Näherungsweise Signifikanz	
Nominal- bzgl. Nominalmaß	Phi	.215	.575	
	Cramer-V	.152	.575	
Anzahl der gültigen Fälle		103		

Abbildung 33: Integrationsmassnahmen der ethnischen Unternehmer pro Ethnie

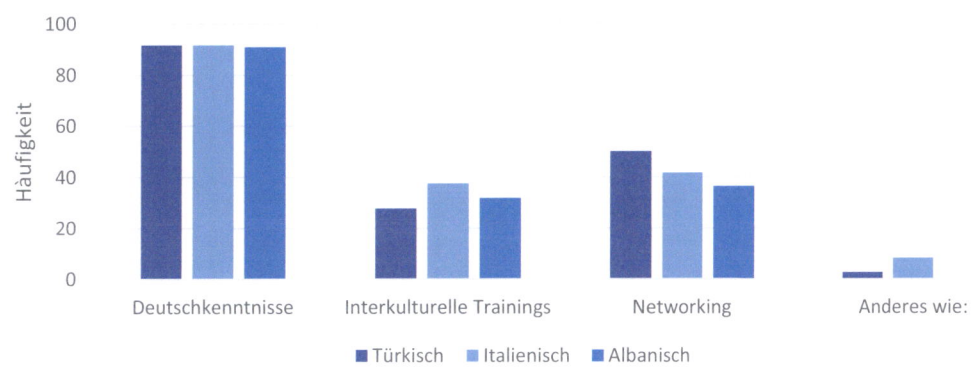

Welche Massnahmen erachten Sie für eine gute Integration in die Gesellschaft als notwendig? (N=103)

Anhang 5: Zusätzliche Daten zur individuellen Dimension (Kapitel 5.5.5)

Tabelle 26: Abschluss in der CH

Abschluss in der Schweiz		Häufigkeit	Prozent	Gültige Prozente	Kumulierte Prozente
Gültig	Abschluss in der Schweiz	68	66.0	100.0	100.0
Fehlend	System	35	34.0		
Gesamt		103	100.0		

Tabelle 27: Abschluss in der Schweiz pro Ethnie (absolut & relativ)

Herkunft * Abschluss in der Schweiz Kreuztabelle

Anzahl

		Abschluss in der Schweiz — Abschluss in der Schweiz	Gesamt	Relativ
Herkunft	Türkisch	18	18	50.0%
	Italienisch	17	17	70.8%
	Albanisch	33	33	76.7%
Gesamt		68	68	

Tabelle 28: Benachteiligungsgrad nach Ethnie inkl. Tests

Herkunft * Fühlen Sie sich als Unternehmer gegenüber Unternehmern

Anzahl

		Unternehmer		Gesamt
		Ja	Nein	
Herkunft	Türkisch	9	27	36
	Italienisch	4	20	24
	Albanisch	15	28	43
Gesamt		28	75	103

Chi-Quadrat-Tests

	Wert	df	Asymptotische Signifikanz (2-seitig)
Chi-Quadrat nach Pearson	2.716[a]	2	.257
Likelihood-Quotient	2.794	2	.247
Zusammenhang linear-mit-linear	1.069	1	.301
Anzahl der gültigen Fälle	103		

a. 0 Zellen (0.0%) haben eine erwartete Häufigkeit kleiner 5.

Symmetrische Maße

		Wert	Näherungsweise Signifikanz
Nominal- bzgl. Nominalmaß	Phi	.162	.257
	Cramer-V	.162	.257
Anzahl der gültigen Fälle		103	

Tabelle 29: Integrationsgefühl pro Ethnie inkl. Tests

Herkunft * Wie gut fühlen Sie sich in der Schweiz integriert? Kreuztabelle Anzahl		integriert?			Gesamt
		mittelmässig	gut	sehr gut	
Herkunft	Türkisch	2	20	14	36
	Italienisch	0	6	18	24
	Albanisch	1	25	17	43
Gesamt		3	51	49	103

Chi-Quadrat-Tests			
	Wert	df	Asymptotische Signifikanz (2-seitig)
Chi-Quadrat nach Pearson	10.387[a]	4	.034
Likelihood-Quotient	11.018	4	.026
Zusammenhang linear-mit-linear	.032	1	.859
Anzahl der gültigen Fälle	103		

a. 3 Zellen (33.3%) haben eine erwartete Häufigkeit

Symmetrische Maße			
		Wert	Näherungsweise Signifikanz
Nominal-bzgl.	Phi	.318	.034
	Cramer-V	.225	.034
Anzahl der gültigen Fälle		103	

Anhang 6: Zusätzliche Daten zur Schatten-Dimension (Kapitel 5.5.6)

Tabelle 30: Konflikte der ethnischen Unternehmer (Total)

	Verarbeitete Fälle					
	Fälle					
	Gültig		Fehlend		Gesamt	
	N	Prozent	N	Prozent	N	Prozent
Herkunft * Konflikte mit Gesetzgebung (Steueramt, betriebliche Standards etc.)	11	10.7%	92	89.3%	103	100.0%
Herkunft * Konflikte mit Belegschaft	9	8.7%	94	91.3%	103	100.0%
Herkunft * Konflikte bezüglich Arbeitssicherheit	4	3.9%	99	96.1%	103	100.0%
Herkunft * Keine	81	78.6%	22	21.4%	103	100.0%
Herkunft * Andere:	2	1.9%	101	98.1%	103	100.0%

Tabelle 31: Retrospektive Gründungsanteil

Häufigkeitstabelle			
Item	Teilnehmer	Ja	Nein
Rückblickend, würden Sie heute	103	69	34
		67.0%	33.0%